Holger Schwichtenberg

Internet Bill Presentment and Payment als neue Form

I0013597

Bibliografische Information der Deutschen Nationalbibliothek:

Bibliografische Information der Deutschen Nationalbibliothek: Die Deutsche
Bibliothek verzeichnet diese Publikation in der Deutschen Nationalbibliografie;
detaillierte bibliografische Daten sind im Internet über http://dnb.d-nb.de/ abrufbar.

Dieses Werk sowie alle darin enthaltenen einzelnen Beiträge und Abbildungen
sind urheberrechtlich geschützt. Jede Verwertung, die nicht ausdrücklich vom
Urheberrechtsschutz zugelassen ist, bedarf der vorherigen Zustimmung des Verla-
ges. Das gilt insbesondere für Vervielfältigungen, Bearbeitungen, Übersetzungen,
Mikroverfilmungen, Auswertungen durch Datenbanken und für die Einspeicherung
und Verarbeitung in elektronische Systeme. Alle Rechte, auch die des auszugsweisen
Nachdrucks, der fotomechanischen Wiedergabe (einschließlich Mikrokopie) sowie
der Auswertung durch Datenbanken oder ähnliche Einrichtungen, vorbehalten.

Copyright © 1998 Diplomica Verlag GmbH
Druck und Bindung: Books on Demand GmbH, Norderstedt Germany
ISBN: 9783838620190

http://www.diplom.de/e-book/217453/internet-bill-presentment-and-payment-als-
neue-form-des-electronic-billing

Holger Schwichtenberg

Internet Bill Presentment and Payment als neue Form des Electronic Billing

Diplom.de

Holger Schwichtenberg

Internet Bill Presentment and Payment als neue Form des Electronic Billing

Diplomarbeit
an der Universität Gesamthochschule Essen
Fachbereich Wirtschaftsinformatik
Prüfer Prof. Dr. S. Eicker / Prof. Dr. A. Schönlein
Institut für Betriebliche Kommunikationssysteme
August 1998 Abgabe

Diplomarbeiten Agentur
Dipl. Kfm. Dipl. Hdl. Björn Bedey
Dipl. Wi.-Ing. Martin Haschke
und Guido Meyer GbR

Hermannstal 119 k
22119 Hamburg

agentur@diplom.de
www.diplom.de

Schwichtenberg, Holger: Internet Bill Presentment and Payment als neue Form des Electronic Billing / Holger Schwichtenberg.- Hamburg: Diplomarbeiten Agentur, 1999
Zugl.: Essen, Univ., Dipl., 1998

Dieses Werk ist urheberrechtlich geschützt. Die dadurch begründeten Rechte, insbesondere die der Übersetzung, des Nachdrucks, des Vortrags, der Entnahme von Abbildungen und Tabellen, der Funksendung, der Mikroverfilmung oder der Vervielfältigung auf anderen Wegen und der Speicherung in Datenverarbeitungsanlagen, bleiben, auch bei nur auszugsweiser Verwertung, vorbehalten. Eine Vervielfältigung dieses Werkes oder von Teilen dieses Werkes ist auch im Einzelfall nur in den Grenzen der gesetzlichen Bestimmungen des Urheberrechtsgesetzes der Bundesrepublik Deutschland in der jeweils geltenden Fassung zulässig. Sie ist grundsätzlich vergütungspflichtig. Zuwiderhandlungen unterliegen den Strafbestimmungen des Urheberrechtes.

Die Wiedergabe von Gebrauchsnamen, Handelsnamen, Warenbezeichnungen usw. in diesem Werk berechtigt auch ohne besondere Kennzeichnung nicht zu der Annahme, daß solche Namen im Sinne der Warenzeichen- und Markenschutz-Gesetzgebung als frei zu betrachten wären und daher von jedermann benutzt werden dürften.

Die Informationen in diesem Werk wurden mit Sorgfalt erarbeitet. Dennoch können Fehler nicht vollständig ausgeschlossen werden, und die Diplomarbeiten Agentur, die Autoren oder Übersetzer übernehmen keine juristische Verantwortung oder irgendeine Haftung für evtl. verbliebene fehlerhafte Angaben und deren Folgen.

Dipl. Kfm. Dipl. Hdl. Björn Bedey, Dipl. Wi.-Ing. Martin Haschke & Guido Meyer GbR
Diplomarbeiten Agentur, http://www.diplom.de, Hamburg 1999
Printed in Germany

Diplomarbeiten Agentur

Wissensquellen gewinnbringend nutzen

Qualität, Praxisrelevanz und Aktualität zeichnen unsere Studien aus. Wir bieten Ihnen im Auftrag unserer Autorinnen und Autoren Wirtschafts- studien und wissenschaftliche Abschlussarbeiten – Dissertationen, Diplomarbeiten, Magisterarbeiten, Staatsexamensarbeiten und Studien- arbeiten zum Kauf. Sie wurden an deutschen Universitäten, Fachhoch- schulen, Akademien oder vergleichbaren Institutionen der Europäischen Union geschrieben. Der Notendurchschnitt liegt bei 1,5.

Wettbewerbsvorteile verschaffen – Vergleichen Sie den Preis unserer Studien mit den Honoraren externer Berater. Um dieses Wissen selbst zusammenzutragen, müssten Sie viel Zeit und Geld aufbringen.

http://www.diplom.de bietet Ihnen unser vollständiges Lieferprogramm mit mehreren tausend Studien im Internet. Neben dem Online-Katalog und der Online-Suchmaschine für Ihre Recherche steht Ihnen auch eine Online-Bestellfunktion zur Verfügung. Inhaltliche Zusammenfassungen und Inhaltsverzeichnisse zu jeder Studie sind im Internet einsehbar.

Individueller Service – Gerne senden wir Ihnen auch unseren Papier- katalog zu. Bitte fordern Sie Ihr individuelles Exemplar bei uns an. Für Fragen, Anregungen und individuelle Anfragen stehen wir Ihnen gerne zur Verfügung. Wir freuen uns auf eine gute Zusammenarbeit

Ihr Team der *Diplomarbeiten* Agentur

Dipl. Kfm. Dipl. Hdl. Björn Bedey
Dipl. Wi.-Ing. Martin Haschke
und Guido Meyer GbR

Hermannstal 119 k
22119 Hamburg

Fon: 040 / 655 99 20
Fax: 040 / 655 99 222

agentur@diplom.de
www.diplom.de

Wirtschaftsinformatik

Betriebliche Kommunikationssysteme

Internet Bill Presentment and Payment

als neue Form des Electronic Billing

Diplomarbeit D2

Vorgelegt dem Fachbereich Wirtschaftswissenschaften

der Universität Gesamthochschule Essen

von

Holger Schwichtenberg

Martin-Luther-Straße 94

D-45145 Essen

Holger.Schwichtenberg@uni-essen.de

Matrikelnummer 128740

Erstgutachter: Prof. Dr. S. Eicker

Zweitgutachter: Prof. Dr. A. Schönlein

Abgegeben am: 25. August 1998

Sommersemester 1998, 12. Studiensemester

Voraussichtlicher Studienabschluß: Sommersemester 1998

I. Inhaltsverzeichnis

II. Abbildungsverzeichnis

III. Tabellenverzeichnis

IV. Abkürzungsverzeichnis

ACH .... Federal Reserve Automated Clearing House
AFP .... Advanced Function Presentation
AH .... Authentication Header
AO .... Abgabenordnung
AOC .... Advice-of-Charge
ASCII .... American Standard Code for Information Interchange
ASP .... Active Server Pages
ATM .... Automated Teller Maschine
BDS .... Billing Document Server
BDSG .... Bundesdatenschutzgesetz
BITS .... Banking Industry Technology Secretariat
BOI .... Bank of Ireland
BSCS .... Business Support Control System
BTX .... Bildschirmtext
CBU .... Customer Business Unit
CDR .... Call Data Record
CD-ROM .... Compact Disc Read Only Memory
CGI .... Common Gateway Interface
CORBA .... Common Object Request Broker Architecture
Corp. .... Coporation
CSP .... Check Service Provider
CSS .... Cascading Stylesheeds
CSV .... Comma Separated Value
DBMS .... Datenbankmanagementsysteme
DTA .... Datenträgeraustausch
DTAG .... Deutsche Telekom AG
DTD .... Document Type Definition
EBPP .... Electronic Bill Presentment and Payment
EDD .... Electronic Direct Debit
EDI .... Electronic Data Interchange
EDIFACT .... EDI for Administration Commerce and Transport
EDV .... Elektronische Datenverarbeitung
EFT .... Electronic Funds Transfer
EFTS .... Electronic Funds Transfer System
ELFE .... Elektronische Fernmelderechnung
ELV .... Elektronisches Lastschriftverfahren
ESP .... Encapsulated Security Payload
EVN .... Einzelverbindungsnachweis
FAQ .... Frequently Asked Questions and Answer
FTAM .... File Transfer, Acces und Management Protocol
FTP .... File Transfer Protokoll
GIF .... Graphics Interchange Format
HTML .... Hypertext Markup Language
HTTP .... Hypertext Transfer Protokoll
IBPP .... Internet Bill Presentment & Payment
IBS .... International Billing Systems (Firma)
IETF .... Die Internet Engineering Task Force
IMAP4 .... Internet Mail Access Protocol Version 4
IP .... Internet Protocol
ISDN .... Integrated Services Digital Network
ISO .... International Standardisation Organisation
ISP .... Internet Service Provider

ISUP .... ISDN User Part
JITS .... Just In Time Solutions (Firma)
JPEG .... Joint Photographic ExpertsGroup
MHTML .... MIME Encapsulation of Aggregate HTML Documents
MIME .... Multipurpose Internet Messaging Extension
MIT .... Message Translation Interface
MOTO .... Mail Order / Telephone Order
MS .... Microsoft
MSFDC .... Microsoft / First Data Corporation (Firma)
NNTP .... Network News Transfer Protokoll
OCR .... Optical Character Recognition
ODETTE .... Organisation for Data Exchange by Teletransmission
OFC .... Open Financial Connectivity
OFX .... Open Financial Exchange
OSI .... Open Systems Interconnection
PC .... Personal Computer
PDF .... Portable Document Format
PDF .... Protable Document Format von Adobe
PED .... Portable Electronic Document
PEM .... Privacy Enhanced Mail
PFM .... Personal Finance Management
PIN .... Personal Identification Number
POI .... Point-of-Interchange
POP3 .... Post Office Protokoll Version 3
QIF .... Quicken Interchange Format
RFC .... Request für Comment
RPS .... MasterCard Remittance Processing System
S/MIME .... Secure MIME
SADP .... Service Access and Delivery Points
SET .... Secure Electronic Transaction
SGML .... Standard Generalized Markup Language
SHTTP .... Secure HTTP (SHTTP)
S-HTTP .... Secure Hypertext Transfer Protokoll
SigG .... Signaturgesetzes
SMTP .... Simple Mail Transfer Protokoll
SQL .... Structured Query Language
SSL .... Secure Socket Layer
SWIFT .... Society for Worldwide Interbank Financial Transmission
TAN .... Transaktionsnummern beim Homebanking
TCP/IP .... Transmission Control Protokoll/Internet Protokoll
TDDSV .... Teledienstedatenschutzgesetz
TDSV .... Telekommunikationsdatenschutzverordnung
TK .... Telekommunikation
TKV .... Telekommunikationskundenschutzverordnung
TNB .... Teilnehmernetzbetreiber
TOB .... T-Online Billing
URL .... Universal Resource Locator
UWG .... Gesetz gegen den unlauteren Wettbewerb
VNB .... Verbindungsnetzbetreiber
W3C .... World Wide Web Consortium
WWW .... World Wide Web
XML .... Extended Markup Language
ZPO .... Zivilprozeßordnung

1 Einleitung und Aufgabenstellung

Ein nicht unerheblicher Teil der Post, die ein Haushalt bekommt, löst bei den meisten Empfängern Unbehagen aus: Mit Rechnungen fordern Unternehmen das Entgelt für erbrachte Leistungen. Auf der Welt werden jeden Monat mehrere Milliarden[1] Rechnungen verschickt.

Traditionell werden Rechnungen auf Papier erstellt und auf dem Postweg befördert. Auch die Zahlung der Rechnungen ist heute noch teilweise an Papierbelege gebunden. Dabei ist zu vermuten, daß das papierbasierte Billing weder den Anforderungen des Rechnungsstellers noch denen des Rechnungsempfängers vollständig gerecht werden kann. Einige Veröffentlichungen im World Wide Web, die elektronische Billing-Verfahren propagieren (z.b. [CRA97], [CRO98], [IBS98a], [KER98], [OFX98a], [JIT98c]), sind Anstoß zu dieser Diplomarbeit gewesen.

Im Business-To-Business-Bereich existieren bereits seit einigen Jahren technische Lösungen zum elektronischen Rechnungsversand im Rahmen von Verfahren des Electronic Data Interchange (EDI). Sofern EDI angewendet wird, sind es jedoch meist branchenspezifische Lösungen. Einmal mehr kann das Internet ins Gespräch gebracht werden, diesen traditionell papierbasierten Informationsfluß zu übernehmen. Im Internet findet man schon einige Anbieter und erste Veröffentlichungen in amerikanischen Fachzeitschriften (z.B. [JOH97], [DAL98], [JOO98], [OSU98], [STO98], [TAL98]). Wissenschaftlich wurde das Internet Bill Presentment and Payment jedoch noch nicht behandelt. So fehlt bislang eine wissenschaftliche Konzeption internetbasierter Billing-Verfahren.

Ziel dieser Diplomarbeit ist es, zunächst die Grenzen bestehender papierbasierter und elektronischer Billing-Verfahren zu untersuchen. Darauf aufbauend sollen dann alterna-

---

[1] Laut Craft und Johnson [CRA97, Seite 5-6] werden allein in den USA im Business-To-Consumer-Bereich pro Jahr 21 Milliarden Rechnungen versandt, wovon 15 Milliarden auf wiederkehrende Rechnungen und 6 Milliarden auf einmalige Rechnungen entfallen. Die Autoren nennen 6 Milliarden Rechnungen im Business-To-Business-Bereich, ohne nach der Häufigkeit zu unterscheiden.

tive Billing-Verfahren auf der Basis des Internets gefunden und bewertet werden.

Dabei soll so vorgegangen werden, daß zu Beginn die Aufgabe der Rechnung, der Rechnungsprozeß und die Bestandteile einer Rechnung untersucht werden (Kapitel 2). Basis für die Bewertung unterschiedlicher Billing-Verfahren werden die in Kapitel 3 ermittelten Anforderungen an eine Rechnung aus der Sicht des Billers (Rechnungssteller) und des Kunden (Rechnungsempfänger) sein.

Kapitel 4 diskutiert papierbasierte Billing-Verfahren. In Kapitel 5 werden bestehende elektronische Ansätze vorgestellt. Anschließend werden die Möglichkeiten für den Versand (Kapitel 6) und die Bezahlung von Rechnungen (Kapitel 7) im Internet erörtert. Technische Konzepte (Kapitel 8) sowie Rechts- und Sicherheitsfragen (Kapitel 9) schließen sich an. Das gefundene Lösungskonzept wird in Kapitel 10 bewertet.

In Kapitel 11 wird das einfache Billing-Modell mit direkter Kommunikation zwischen Biller und Kunde um die Zwischenschaltung von externen Dienstleistern erweitert. Diese indirekten Billing-Verfahren werden anschließend im Vergleich zum direkten Billing beurteilt.

Die abschließende Betrachtung und einen Ausblick liefert Kapitel 12. Im Anhang (Kapitel 13) werden existierende oder geplante internetbasierte Billing-Systeme sowie Anbieter beschrieben

2 Grundlagen des Billing

Dieses Kapitel definiert zunächst die in dieser Diplomarbeit verwendeten zentralen Begriffe. Danach werden die Aufgaben der Rechnung, Bestandteile und der Rechnungsprozeß analysiert. Es folgt eine Kategorisierung von Rechnungen gemäß zwei Kriterien, die für diese Beurteilung der Billing-Verfahren besonders wichtig sind.

2.1 Definitionen

Die folgenden Definitionen dienen der Präzisierung der Aussagen in dieser Arbeit. In Ermangelung geeigneter wissenschaftlicher Definitionen sind diese zum Teil selbstentwickelt.

2.1.1 Definition der Teilbereiche des Billing

BILLING

Billing bezeichnet den Gesamtprozeß der Inrechnungstellung von Leistungen, angefangen bei der Erstellung der Rechnung bis hin zum Abgleich eingehender Zahlungen. Der Billing-Vorgang kann in drei Teilbereiche unterteilt werden (z.B. in [OFX98], [CYB98a], [COB98]):

1. BILL PRESENTMENT

Bill Presentment bezeichnet den Teilvorgang der Rechnungsübermittlung vom Rechnungsaussteller (Biller) an den Kunden.

2. BILL PAYMENT

Bill Payment bezeichnet den Teilvorgang der Bezahlung der Rechnung durch den Kunden.

3. BILL POSTING

Bill Posting bezeichnet die Übermittlung der Zahlungsdaten an den Biller und den Import dieser Daten in seine internen Billing-Systeme (Abgleich des Kundenkontos in der Debitorenbuchhaltung).

Der Teilbereich Bill Posting wird jedoch von vielen Autoren (z.B. [OSU98], [CRA97],

[CRO98]) mit in den Teilbereich Bill Payment eingeschlossen. Auch in dieser Diplomarbeit wird so verfahren.

BILL OUTSOURCING

Bill Outsourcing bedeutet, daß Unternehmen externen Dienstleistern die Aufgabe, Rechnungen zu erstellen und zu versenden, möglicherweise auch, die Zahlung entgegenzunehmen, übertragen.

BILL CONSOLIDATION

Bill Consolidation bedeutet die Zusammenfassung von Rechnungen verschiedener Biller an einen Kunden zu einer Rechnung. Bill Consolidation wird von O'Sullivan [OSU98, Seite 52ff.] verwendet, während Roberts den Begriff Bill Concentration [ROB98] benutzt und Stoneman [STO98, Seit 50ff.] von Bill Aggregation spricht.

2.1.2 Definition der Aktoren im Rechnungsprozeß

Im folgenden werden Aktoren des Rechnungsprozesses vorgestellt, wobei nicht immer alle Aktoren beteiligt sein müssen (siehe Graphik).

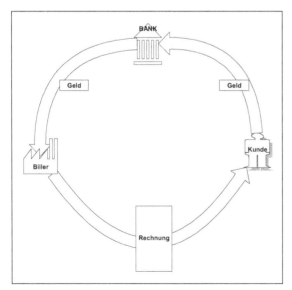

Abbildung 1: Aktoren im einfachen Rechnungsprozeß

BILLER

Als Biller wird in dieser Diplomarbeit der Rechnungssteller bezeichnet, der eine Rechnung an einen Kunden sendet. Der Rechnung geht die Erbringung einer Leistung voraus. Der Leistungserbringer wird mit dem Erstellen der Rechnung ein Biller.

KUNDE

Kunde ist der Leistungsnehmer, der für die in Anspruch genommene Leistung eine Rechnung vom Biller erhält.

BANKEN

Als weitere Aktoren sind oft eine oder mehrere Banken am Billing-Prozeß beteiligt. Sie leiten die Zahlung vom Kunden an den Biller weiter.

Einzelheiten zu den von den einzelnen Aktoren ausgeführten Aktionen werden in Kapitel 2.3 im Rahmen der Darstellung des Rechnungsprozesses beschrieben. Weitere Aktoren sind möglich im Rahmen des indirekten Billing, das in Kapitel 11 behandelt wird (siehe Graphik).

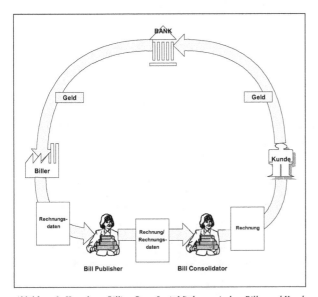

Abbildung 2: Komplexer Billing-Prozeß mit Mittlern zwischen Biller und Kunde

BILL PUBLISHER

Ein Bill Publisher erstellt und verbreitet im Auftrag des Billers Rechnungen. Synonym wird von Roberts [ROB98] Billing Service Provider und Martin [MAR98] Statement Router verwendet.

BILL CONSOLIDATOR

Ein Bill Consolidator faßt im Auftrage des Kunden Rechnungen zusammen und präsentiert sie ihm zusammenhängend (vgl. [OSU98, Seite 52ff.]. Andere Autoren sprechen auch von Bill Concentrator [ROB98] und Bill Aggregator [STO98, Seit 50ff.] (vgl. Definition von Bill Consolidation in Kapitel 2.1.1).

Komplexere Modelle entstehen, wenn der Rechnungsempfänger ungleich dem Leistungsempfänger ist oder ein Clearing-House (Verrechnungsstelle für Leistungen, insbesondere im grenzüberschreitenden Verkehr, z.B. Strom, Mobilfunk-Roaming) eingeschaltet wird.

2.1.3 Definition von Billing-Verfahren

PAPER-BILLING

Als Paper-Billing werden der Rechnungsversand und die Zahlung mittels Papierbelegen bezeichnet.

ELECTRONIC BILLING

Electronic Billing bezeichnet die elektronische Übermittlung von Rechnungsdaten und Zahlungen zwischen Rechnungssteller (Biller) und Rechnungsempfänger (Kunde).

Electronic Billing wird nicht als das reine Erstellen einer Rechnung mit Hilfe von EDV-Anlagen verstanden. Dies ist zwar notwendig, aber nicht hinreichend für die obige Definition. CyberCash [CYB98a] verwendet auch den Begriff "Interactive Billing", wobei hier nicht sauber getrennt wird zwischen den Teilbereichen des Billing. Einerseits wird von "Interactive Billing and Payment" gesprochen, was impliziert, daß der Begriff "Billing" nur den in dieser Arbeit als "Bill Presentment" definierten Teilbereich umfaßt. Andererseits wird "Interactive Billing" von CyberCash auch alleinstehend als Oberbegriff über Bill Presentment, Payment und Posting verwendet. Man findet ebenfalls Begriffskreationen wie "Online Billing" (z.B. [JIT97]).

INTERNET BILL PRESENTMENT AND PAYMENT (IBPP) / INTERNET BILLING

Internet Bill Presentment and Payment bezeichnet im Rahmen dieser Diplomarbeit Electronic Billing über das Medium Internet. Dabei besteht keine Beschränkung auf einen bestimmten Dienst; es wird lediglich vorausgesetzt, daß das Internet als Transportmedium zwischen Rechnungssteller und Rechnungsempfänger benutzt wird.

Einige Autoren benutzen auch den Begriff Internet Billing (z.B. [JIT98a]). Der Begriff Internet Billing wird jedoch von anderen Personen verwendet für die Ermittlung von Abrechnungsdaten der Nutzer eines Internet Service Providers (ISP). Eine Suche in Yahoo[2] nach dem Begriff "Internet Billing" bringt zahlreiche Anbieter derartiger Abrechnungssysteme hervor[3]. Zur Abgrenzung wird in der vorliegenden Diplomarbeit nur der Begriff "Internet Bill Presentment and Payment" verwendet werden, der mit IBPP abgekürzt werden soll. Internet Bill Presentment bezeichnet Verfahren zur internetbasierten Übermittlung und Darstellung der Rechnungsdaten. Internet Bill Payment umfaßt Verfahren zur internetbasierten Bezahlung von Rechnungen. Zur Abgrenzung von traditionellen Zahlungssystemen werden nur solche Systeme unter den Begriff Internet Bill Payment gefaßt, bei denen der Austausch der relevanten Zahlungsdaten zwischen Biller und Kunde ausschließlich über das Medium Internet stattfindet.

Daß es einen Definitionsbedarf für diese Begriffe gibt, zeigt die Recherche im Internet: So verwenden Craft und Johnson in [CRA97] zwar ständig den Begriff "Electronic Bill Presentment", behandeln aber kein anderes Kommunikationsmedium als das Internet. Passender wäre es also gewesen, von "Internet Bill Presentment" zu sprechen, wie es bei Crone [CRO98] erfolgt.

WEB-BILLING

Die Kansas City Power & Light Company spricht von "Web Payment" [KCP98]. In Analogie dazu soll hier Web-Billing als weitere Spezialisierung des IBPP definiert werden, bei der als Übertragungsprotokoll das Hypertext Transfer Protocol (HTTP), als

---

[2] http://search.yahoo.com/bin/search?p=internet+billing
[3] z.B. http://hawk-i.mgl.ca

Client ein Webbrowser und als Darstellungsform primär (aber nicht ausschließlich) die Hypertext Markup Language (HTML) eingesetzt werden.

WEB-BILL

Web-Bill bezeichnet eine im WWW dargestellte Rechnung.

E-MAIL BILLING

Als E-Mail-Billing wird IBPP mit Hilfe des E-Mail-Dienstes im Internet bezeichnet.

E-BILL

E-Bill bezeichnet eine E-Mail, die eine Rechnung enthält.

BILLING-SYSTEM

Ein Billing-System ist ein Softwaresystem zur Abwicklung von Rechnungsprozessen.

IBPP-SYSTEM

Ein IBPP-System ist ein Softwaresystem, das IBPP-Dienste bereitstellt.

2.1.4 Sonstige Definitionen

ZAHLUNGSSYSTEM

Ein Zahlungssystem ist ein Verfahren zum Transfer von Geldbeträgen.

ZAHLUNGSAUFTRAG

Ein Zahlungsauftrag ist die – in der Regel an eine Bank ergehende – Anweisung, einen Geldbetrag zu transferieren.

ZAHLUNGSERMÄCHTIGUNG

Eine Zahlungsermächtigung berechtigt den Empfänger bzw. dessen Bank, einen Geldbetrag vom Konto des Ausstellers der Ermächtigung einzuziehen. Zahlungsermächtigungen werden im Lastschriftverfahren verwendet. Auch ein Verrechnungsscheck paßt in diese Definition, wobei die Ermächtigung dann nur einmalig für den auf dem Scheck genannten Betrag gilt.

ZAHLUNGSDATEN

Zahlungsdaten sind die auf Zahlungsaufträgen und Zahlungsermächtigungen enthaltenen Informationen, die nötig sind, um den Geldtransfer auszuführen.

ZAHLUNGSSCHNITTSTELLE

Eine Zahlungsschnittstelle ist ein Instrument, welches dem Kunden ermöglicht, durch Übermittlung von Zahlungsdaten einen Zahlungsauftrag oder eine Zahlungsermächtigung innerhalb eines bestimmten Zahlungssystems zu erteilen. Eine Zahlungsschnittstelle kann sowohl ein komplexes Softwaresystem als auch ein einfaches Formular (z.B. Überweisungsauftrag) sein.

2.2 Aufgaben der Rechnung

Die Aufgabe einer Rechnung kann in drei Bereiche gegliedert werden:

1) ZAHLUNGSAUFFORDERUNGSFUNKTION

Der Biller erklärt durch eine Rechnung, daß er seinen Teil des Vertrages (Lieferung eines Produktes oder eine Dienstleistung) erfüllt hat[4] und fordert durch diese Rechnung den anderen Vertragspartner (den Kunden) auf, die seinerseits durch den Vertrag versprochene Leistung, die Bezahlung, zu erbringen. Die Zahlungsaufforderungsfunktion spiegelt sich in den Rechnungsdaten wider. Der Kunde kann mit der Rechnung später gegenüber Dritten (insbesondere den Finanzbehörden) nachweisen, daß eine Zahlung von ihm verlangt wurde.

2) LEISTUNGSNACHWEISFUNKTION

Der Leistungserbringer dokumentiert durch die Rechnung in vielen Fällen die von ihm erbrachte Leistung, insbesondere dann, wenn es keinen separaten Lieferschein gibt. Dieser Nachweis ist beispielsweise die Auflistung von Einzelpositionen bei einer Produktbestellung, von geleisteten Arbeitsstunden oder der Einzelverbindungsnachweis bei einer Telekommunikationsrechnung.

---

[4] Möglich, aber nicht die Regel ist, daß der Biller vor Erbringen der Leistung per Rechnung einen Vorschuß verlangt.

3) MARKETINGINSTRUMENT

Die Rechnung ist nicht zuletzt für den Biller auch ein Kommunikations- und Informationsinstrument. Der Biller hat die Möglichkeit,

- erneut auf das Unternehmen aufmerksam zu machen und so Chancen der Erinnerung in zukünftigen Bedarfsfällen zu erhöhen.
- das erworbene Produkt bzw. die erworbene Leistung erneut zu bewerben und Informationen zum Gebrauch zu liefern, die kognitiven Dissonanzen (Reue nach dem Kauf, vgl. [GEM95, Seite 144]) beim Kunden vorbauen. Dieses Instrument wird als After-Sales-Promotion bezeichnet.
- dem Kunden weitere Produkte und Dienstleistungen anzubieten. Diese können mit der bereits erbrachten Leistung in Zusammenhang stehen oder davon unabhängig sein. Der Fachbegriff dafür ist Cross-Selling [GEM95, Seite 63f.]. Cross-Selling setzt eine Kundendatenbank voraus, die nicht nur Namen und Anschrift des Kunden, sondern auch demographische Daten und Informationen über das bisherige Kaufverhalten enthält [GEM95, Seite 63].

Ein zentrales Kommunikationsinstrument ist die Rechnung beispielsweise in der Telekommunikationsindustrie, da hier Rechnungen mit hoher Regelmäßigkeit versendet werden [REI98]. Jedoch darf der Marketinganteil an der Rechnung nicht so groß sein, daß die Zahlungsaufforderung untergeht und die Sendung möglicherweise als reine Werbesendung betrachtet und ignoriert wird.

2.3 Der Rechnungsprozeß

Das nachfolgende Schaubild zeigt ein zum Teil vereinfachtes Prozeßdiagramm einer Rechnung:

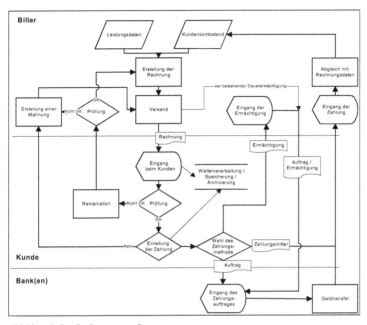

Abbildung 3: Der Rechnungsprozeß

Die bei der Erbringung einer Leistung entstehenden Leistungsdaten (z.b. Art der Leistung, Umfang, Dauer, Tarif) münden in eine Rechnung, für die aber auch vorhergehende Geschäftsvorfälle (ausgebliebene Zahlungen, Gutschriften) berücksichtigt werden müssen. Der Saldo des Kundenkontos kann sich auf die Höhe der Rechnung oder auch auf die Rechnungskonditionen (z.b. Skonto) auswirken.

Die Rechnung wird nach ihrer Erstellung dem Kunden übermittelt. Dieser nimmt die Rechnung entgegen und prüft sie. Sofern es Einwände gegen die Rechnung gibt, kommt es zu einer Reklamation gegenüber dem Biller. Dieser prüft die Reklamation und verändert die Rechnung, wenn er zustimmt. Falls er die Reklamation ablehnt, wird er dies dem Kunden mitteilen. Diese Mitteilung hat zwar nicht den juristischen Status einer Mahnung[5], entspricht ihr aber teilweise bezüglich Ablauf und Ziel, nämlich den Kunden erneut zur Zahlung aufzufordern (insofern wurde hier vereinfacht).

---

[5] vgl. §284 Abs. 1 BGB

Eine Mahnung kann erstellt werden, wenn der Kunde eine Rechnung nicht begleicht. Die Mahnung wird wiederum dem Kunden zugesandt. Zur Vereinfachung kann angenommen werden, daß der Rechnungs- und Mahnungsprozeß sich nicht weiter unterscheiden.

Der Kunde hat zur Begleichung der Zahlungsaufforderung grundsätzlich zwei Wege. Entweder erteilt er seiner Bank den Zahlungsauftrag, den Rechnungsbetrag an den Biller zu transferieren (z.b. Überweisung, Bargeldeinzahlung) oder er gestattet dem Biller durch eine Zahlungsermächtigung, den Betrag vom Konto des Kunden einzuziehen. Der Kunde sendet diese Ermächtigung (z.b. Verrechnungsscheck, Einzugsermächtigung) dem Biller, der diese wiederum einer Bank präsentiert, um den Transfer des Geldes zu ermöglichen (vgl. Definitionen in Kapitel 2.1.3). Auch kann der Kunde dem Biller den Betrag durch Bargeld oder digitale Währungen ohne Einschaltung einer Bank übermitteln.

Nachdem die Zahlung beim Biller eingegangen ist, muß dieser die Zahlung der Rechnung zuordnen und in den internen Abrechnungssystemen als bezahlt kennzeichnen (Bill Posting), so daß der sich neu ergebende Kontostand des Kunden für eine möglicherweise folgende Rechnung/Mahnung berücksichtigt werden kann. Sonderfälle wie die Unter- und Überbezahlung von Rechnungen sowie Gutschriften und ein daraus resultierender Zahlungsmitteltransfer vom Biller zum Kunden müssen auf der Seite des Billers verarbeitbar sein, sind aber in dem obigen Diagramm nicht näher berücksichtigt. Eingehende Zahlungsaufforderungen sowie ausgehende Zahlungen werden auf der Seite des Kunden möglicherweise gespeichert bzw. archiviert.

Eine große Vereinfachung in den Abläufen ergibt sich, wenn es zwischen dem Biller und dem Kunden bereits Geschäftsvorfälle gab, aus denen dem Biller schon eine Einzugsermächtigung vom Bankkonto des Kunden vorliegt.

2.4 Aufbau der Objekte im Rechnungsprozeß

Der übliche Aufbau der wichtigsten Rechnungsprozeß-Objekte „Rechnung", „Zahlungsauftrag" und „Zahlungsermächtigung" wird im folgenden beschrieben.

2.4.1 Aufbau einer Rechnung

Existentielle Bestandteile einer Rechnung sind Rechnungsdaten. Leistungsdaten und Marketinginformationen sind optional.

1) RECHNUNGSDATEN

Gemäß §14 Umsatzsteuergesetz (UStG) muß eine Rechnung zwingend folgende Bestandteile aufweisen:

- den Namen und die Anschrift des leistenden Unternehmers,
- den Namen und die Anschrift des Leistungsempfängers,
- die Menge und die handelsübliche Bezeichnung des Gegenstandes der Lieferung oder die Art und den Umfang der sonstigen Leistung,
- den Zeitpunkt der Lieferung oder der sonstigen Leistung,
- das Entgelt für die Lieferung oder sonstige Leistung und
- den auf das Entgelt entfallenden Steuerbetrag.

Nicht gesetzlich vorgeschrieben ist die Angabe von Rechnungskonditionen.

2) LEISTUNGSDATEN (DETAILDATEN)

Häufig läßt sich die Bezeichnung des Gegenstandes oder der Leistungen in Einzelpositionen aufteilen (z.B. Einzelverbindungsnachweis bei der Telefonrechnung). Diese Einzelaufstellung kann vom Kunden in einigen Fällen verlangt werden (z.b. Telefonrechnung).

3) MARKETINGINFORMATIONEN

Zur Erfüllung der Funktion als Marketinginstrument können der Rechnung auch Bedienungs- und Benutzungshinweise sowie Informationen zu anderen Produkten (Werbung) beigelegt werden.

2.4.2 Aufbau von Zahlungsaufträgen und Zahlungsermächtigungen

Die nachfolgende Tabelle stellt die Zahlungsdaten eines Zahlungsauftrages und einer Zahlungsermächtigung gegenüber.

	Zahlungsauftrag	**Zahlungsermächtigung**
Informationen über den Absender	• Name des Absenders • Bankverbindung des Absenders	• Name des Absenders • Bankverbindung des Absenders
Informationen über den Empfänger	• Name des Empfängers • Bankverbindung des Empfängers	• Name des Empfängers
Sonstige Informationen	• zu zahlender Geldbetrag • Verwendungszweck	• zu zahlender Geldbetrag (falls Ermächtigung nicht allgemein gilt) • Verwendungszweck

Tabelle 1: Gegenüberstellung der Bestandteile von Zahlungsauftrag und Zahlungsermächtigung

Die Zahlungsermächtigung muß also im Gegensatz zum Zahlungsauftrag keine Informationen über die Bankverbindung des Empfängers enthalten. Zahlungsermächtigungen werden daher häufig genutzt, wenn der zahlungswilligen Partei die Bankverbindung der anderen Partei nicht vorliegt (z.B. Rückerstattungen).

2.5 Kategorisierung von Rechnungen

Es gibt eine Vielzahl möglicher Kriterien zur Kategorisierung von Rechnungen. An dieser Stelle sollen zwei wichtige Kriterien besprochen werden: zum einen die Unterscheidung der Rechnungen nach ihrer Häufigkeit, zum anderen die nach dem Kundensegment.

2.5.1 Häufigkeit von Rechnungen

EINMALRECHNUNGEN

Einmalrechnungen werden für einmalig erbrachte Leistungen (z.B. Autoreparatur) erstellt.

PERIODISCHE RECHNUNGEN MIT GERINGER HÄUFIGKEIT

Hier handelt es sich zum einen um kleinere Beträge (z.B. Abonnements), die nur ein oder wenige Male pro Jahr versandt werden. Ein monatlicher Rechnungsversand würde sich nicht lohnen. Aber auch größere Beträge werden zum Teil nur jährlich in Rechnung gestellt, wobei hier jedoch üblicherweise regelmäßige Vorauszahlungen verrechnet werden (z.B. Miete, Wohnnebenkosten, Strom, Versicherungen). Dieser Fall trifft insbesondere dann zu, wenn die Feststellung der tatsächlich erbrachten Leistungen relativ aufwendig ist, weil diese nicht automatisch erfolgen kann, sondern einen Besuch beim Kunden erfordert (z.B. Strom, Heizung).

PERIODISCHE RECHNUNGEN MIT GROßER HÄUFIGKEIT

Hierbei handelt es sich in der Regel um (stark) schwankende Rechnungssummen (z.B. Telekommunikation, Internet Service Provider, Kreditkarten), bei denen eine monatliche Abrechnung aufgrund der Rechnungshöhe möglich und gewünscht ist.

2.5.2 Kundensegmente

Aussteller von Rechnungen (Biller) sind bis auf wenige Ausnahmen immer Geschäftsleute. Bei den Empfängern sind grundsätzlich zwei Kundensegmente zu unterscheiden: Empfänger können zum einen wieder Geschäftsleute sein oder aber Privathaushalte.

BUSINESS-TO-BUSINESS

Der Prozeß der Rechnungsbearbeitung bei Geschäftskunden zeichnet sich durch die Beteiligung mehrerer Personen aus. Die Personen nehmen unterschiedliche Rollen ein. Grundsätzlich kann unterschieden werden zwischen Entscheidern (Prüfung der Rechnung durch Einkäufer, Abteilungsleiter, etc.) und ausführenden Rollen (Poststelle, Sachbearbeiter in der Buchhaltung). Geschäftskunden prüfen ihre Rechnungen sehr genau. Der Formalisierungsgrad des Prozesses ist daher hoch, ebenso die EDV-Unterstützung. Rechnungsempfänger ist nicht der Entscheider, sondern ein Sachbearbeiter. An der Prüfung der Rechnung ist oft ein anderer Entscheidungsträger beteiligt als der, der den Auftrag erteilt hat. Der Bedarf nach Auswertung, Weiterverarbeitung und Archivierung der Daten ist aufgrund gesetzlicher Bestimmungen und des Wunsches zur Aufdeckung von Kosteneinsparungspotentialen hoch.

BUSINESS-TO-CONSUMER

An der Bearbeitung der Rechnung in Privathaushalten ist in der Regel nur ein Mitglied des Haushaltes beteiligt. Formalisierungsgrad und EDV-Unterstützung des Rechnungsprozesses sind geringer. Auswertung, Weiterverarbeitung und Archivierung der Rechnung sind weniger wichtig als bei den Geschäftskunden.

3 Bewertungskriterien für Billing-Verfahren

Die vorliegende Diplomarbeit wird unterschiedliche Billing-Verfahren bewerten. Dabei soll methodisch so vorgegangen werden, daß zunächst ein Bewertungsschema entwickelt wird, das die notwendigen und hinreichenden Bewertungskriterien enthält. Diese Bewertungskriterien entsprechen den Anforderungen an eine Rechnung. Dabei ist zwischen der Perspektive des Billers und der Perspektive des Kunden zu unterscheiden. In den nachfolgenden Kapiteln werden die Billing-Verfahren anhand dieser Anforderungen bewertet. Ziel ist eine qualitative Bewertung, da für eine quantitative Bewertung keine ausreichende Datenbasis vorliegt[6].

	Anforderungen aus der Sicht des Billers		**Anforderungen aus der Sicht des Kunden**	
Bereich	1)	Niedrige Kosten	1)	Einfache Zugänglichkeit
Bill Presentment	2)	Hohe Geschwindigkeit	2)	Verständlichkeit
	3)	Zuverlässigkeit	3)	Genauigkeit
	4)	Nachweisbarkeit	4)	Auswertbarkeit
	5)	Datenschutz	5)	Weiterverarbeitbarkeit
	6)	Einsatz der Rechnung als Marketinginstrument	6)	Archivierbarkeit
			7)	Guter Support
	7)	Minimierung des Aufwandes für das Customer Care	8)	Datenschutz
			9)	Steuerrechtliche Anerkennung
			10)	Niedrige Kosten
Bereiche	8)	Einfache Zahlungssysteme	11)	Komfortable Zahlungsschnittstelle
Bill Payment	9)	Konsistenz zwischen Rechnungs-	12)	Übernahme der Rechnungsdaten
und Bill Posting		daten und Zahlungsdaten	13)	Einfluß auf den Zeitpunkt der Zahlung
	10)	Effizientes Bill Posting		

Tabelle 2: Übersicht über die Rechnungsanforderungen

---

[6] Einerseits lassen sich viele bestehende Billing-Verfahren nicht allgemein, sondern an einem konkreten Fall quantitativ bewerten. Andererseits gibt es für die internetbasierten Billing-Verfahren noch keine Angebotspreise oder Erfahrungswerte.

3.1 Anforderungen an eine Rechnung aus der Sicht des Billers

1) NIEDRIGE KOSTEN

Die Kosten für die Erstellung und den Versand der Rechnung gibt der Biller direkt (d.h. über Bestellkosten) oder indirekt (d.h. über die Preissetzung der Leistungen) an den Kunden weiter. Der Biller kann also die Minimierung der Rechnungsnebenkosten als Wettbewerbsfaktor einsetzen. Gerade bei kleineren Rechnungsbeträgen und bei häufigen Rechnungsversänden sind die Rechnungsnebenkosten ein wichtiger Faktor. „So lohnt sich eine Rechnung erst ab Beträgen ab 15 DM" [DRE98b, Seite 96]. Voraussetzung für die Minimierung der Kosten ist die effiziente Erstellung und Übermittlung der Rechnung.

2) HOHE GESCHWINDIGKEIT

Der Biller erwartet, daß die Rechnung den Kunden schnell nach dem Erbringen der Leistung erreicht, um die entsprechenden Geldbeträge bald vereinnahmen zu können. Der Biller kann durch die gestiegene Liquidität Erträge erwirtschaften (Zinsen) und Kosten senken (Vermeidung von Lieferantenkrediten).

Im Rahmen des Risk Managements ist die schnelle Abrechnung von Leistungen die Voraussetzung, um Betrugsfälle (die oft in bestimmten wiederkehrenden Betrugsmustern ablaufen [REI98]) erkennen und unterbinden zu können.

3) ZUVERLÄSSIGKEIT

Die Übermittlung der Rechnung muß zuverlässig sein. Ist die Zuverlässigkeit nicht gewährleistet, entstehen Kosten durch die erneute Zusendung, die Verzögerung der Zahlung und die Behandlung dieses Ausnahmefalls. Sendet der Biller dem Kunden eine Mahnung, obwohl dem Kunden die Rechnung aus durch ihn nicht zu vertretenden Gründen nicht bekannt war, droht dem Biller ein Imageverlust.

4) NACHWEISBARKEIT

Der Biller hat ein Interesse daran, eine Bestätigung für den Zugang der Rechnung zu erhalten. Dies ist nicht nur notwendig, um dem Kunden im Streitfalle vor Gericht den Zugang der Rechnung beweisen zu können, sondern auch um Gewißheit über die Zuverlässigkeit der Übermittlung zu haben.

5) DATENSCHUTZ

Aus der Sicht des Billers besteht ein Interesse an der Vertraulichkeit bezüglich der Kundendaten nicht nur aufgrund einschlägiger gesetzlicher Bestimmungen (Bundesdatenschutzgesetz, Telekommunikationsdatenschutzverordnung, etc.), sondern auch aus wirtschaftlichen Gründen (Geheimhaltung vor Konkurrenten). Konkurrenten könnten sonst gezielt versuchen, Kunden abzuwerben.

6) EINSATZ DER RECHNUNG ALS MARKETINGINSTRUMENT

Die Rechnung ist ein wichtiges Direktmarketinginstrument. Der Biller hat daher die Anforderung, mit der Rechnung Marketinginformationen (z.B. Produktinformationen) versenden zu können. Dabei sollte die Möglichkeit bestehen, Marketinginformationen sowohl auf der Rechnung zu plazieren oder auch als Beilage zur Rechnung zu versenden. Es ist erstrebenswert, individuelle Marketinginformationen versenden zu können, die auf die Bedürfnisse des jeweiligen Kunden zugeschnitten sind (One-To-One-Marketing).

Die Bedeutung der Rechnung als Marketinginstrument im Business-To-Business-Bereich ist geringer als im Business-To-Consumer-Bereich. Dies ergibt sich aus der erwähnten Tatsache, daß der Rechnungsempfänger meistens nicht Entscheidungsträger ist. Der Rechnung beigefügte Werbung erreicht also nicht den geeigneten Ansprechpartner. Werbung wird deshalb zweckmäßiger über andere Kanäle verbreitet.

Die Rechnung als Marketinginstrument im Business-To-Consumer-Bereich hat insofern Auswirkungen auf den Business-To-Business-Bereich, als alle Entscheidungsträger auch als Privatleute Kontakt mit den Produkten haben könnten (z.B. Telekommunikationsdienstleistungen). Ein im Business-To-Consumer-Bereich hinterlassener positiver Eindruck kann somit Seiteneffekte im Business-To-Business-Bereich haben.

7) MINIMIERUNG DES AUFWANDES FÜR DAS CUSTOMER CARE

Der Bereich Customer Care gehört in allen Unternehmen zu den teuersten Aufgabengebieten des Billing, aufgrund des hohen Aufwandes für Personal und Infrastruktur [REI98].

Der Biller verfolgt folgende Ziele:

- Anfragen und Einwände von Kunden zur Rechnung sollen minimiert werden, indem die Rechnung korrekt und verständlich ist.

- Mögliche Abweichungen von der Regel bei der Zahlung (z.B. Kunde zahlt auf falsches Konto, Kunde zahlt falschen Betrag, Kunde zahlt nicht mit den vorgesehenen Zahlungssystemen) sollen vermieden werden.

- Dennoch nicht zu vermeidende Eingaben von Kunden und Ausnahmefälle sollen möglichst effizient abgearbeitet werden können. Alle Ausnahmesituationen, die nicht automatisch bearbeitet werden können, sind ein hoher Kostenfaktor. Eine Kunden-Hotline muß dazu in der Lage sein, den Kunden alle Angaben auf der Rechnung erläutern zu können. Voraussetzung für einen effizienten Dialog mit dem Kunden bei Fragen und Reklamationen ist, daß der Customer Care Mitarbeiter die Rechnung des Kunden einsehen kann – möglichst in der gleichen Form wie der Kunde sie vor sich liegen hat.

8) EINFACHE ZAHLUNGSSYSTEME

Das Zahlungssystem soll ermöglichen, daß der Kunde die Rechnung schnell bezahlt und der Betrag schnell an den Biller weitergeleitet wird. Es liegt jedoch nicht im Interesse des Billers, eine Vielzahl unterschiedlicher Zahlungssysteme mit unterschiedlichen Schnittstellen bereitzuhalten. Er präferiert, daß die Kunden mit wenigen Zahlungssystemen zahlen, die aus der Sicht des Billers effizient sind. Der Biller hat Einfluß darauf, welche Zahlungssysteme er im Rahmen seines Angebotes zuläßt. Allerdings muß er bei einer zu starken Beschränkung damit rechnen, von einigen Kunden gemieden zu werden.

9) KONSISTENZ ZWISCHEN RECHNUNGSDATEN UND ZAHLUNGSDATEN

Die in Einzugsermächtigungen und Kontoauszüge einfließenden Daten sollen möglichst konsistent zu der ausgestellten Rechnung sein, um ein einfaches Bill Posting zu ermöglichen. Konsistenz ist zu fordern für den Rechnungsbetrag, das Empfängerkonto sowie Angaben des Verwendungszwecks (z.B. Rechnungsnummer, Kundennummer). Insbesondere fehlende oder fehlerhafte Informationen über den Verwendungszweck resultieren in hohem Aufwand, den Zahlungseingang einer Rechnung zuordnen zu können. Der

Biller hat ein Interesse daran, daß der Zahlungsbetrag mit dem Rechnungsbetrag über-einstimmt. Der Biller hat grundsätzlich kein Interesse an einer Überbezahlung, da er versehentlich überbezahlte Beträge zurückerstatten, gutschreiben oder umbuchen muß. Gleiches gilt für die Zusammenfassung mehrerer Rechnungen zu einer Zahlung. Dabei ist nicht selten ein zusätzlicher Kundenkontakt nötig, der Kosten verursacht.

10) EFFIZIENTES BILL POSTING

Für eine effiziente Übernahme der Zahlungsdaten in die internen Billing-Systeme (Bill Posting) ist Voraussetzung, daß die eingehenden Zahlungsdaten beim Biller auf einfache und präzise Weise in das Billing-System übernommen werden können.

3.2 Anforderungen an eine Rechnung aus der Sicht des Kunden

1) EINFACHE ZUGÄNGLICHKEIT

An dieser Stelle soll nicht davon ausgegangen werden, daß der Kunde am liebsten eine Rechnung gar nicht bekommen möchte, weil er sie dann nicht bezahlen muß. Hier soll angenommen werden, daß der Kunde die nötige Einsicht hat, daß es in seinem eigenen Interesse liegt, von ihm in Anspruch genommene Leistungen zu bezahlen. Dann erwar-tet der Kunde einen problemlosen und einfachen Zugang zur Rechnung; er will die Rechnung also nicht etwa beim Biller abholen müssen.

Bestimmte Kunden haben die Anforderung, in sehr kurzen Intervallen nach der Inan-spruchnahme bereits auf Rechnungs- und/oder Leistungsdaten zugreifen zu wollen, z.B. Krankenhäuser und Hotels, die die Telefonnutzung abrechnen wollen[7]. Diese Anforde-rung bezeichnet man laut Herrn Scheffer von der Firma o.tel.o [HCS98] im Fachjargon als "Hot Billing" im Gegensatz zu dem üblichen "Cold Billing".

Aber auch Cold-Billing-Kunden können zum Beispiel vor einer längeren Abwesenheit alle bis dato in Anspruch genommenen Leistungen zum Tag ihrer Abreise bezahlen wollen. Dies erfordert einen Einfluß des Kunden auf das Abrechnungsintervall.

---

[7] Bedarf nach Hot Billing besteht auch im Privatkundenbereich: Man benutzt einen fremden Telefonan-schluß ohne Gebührenanzeige und will direkt nach dem Gespräch wissen, was man dem Anschlußinhaber schuldet.

2) VERSTÄNDLICHKEIT

Die Rechnung muß aus der Sicht des Kunden einfach zu verstehen sein. Dazu gehören ein übersichtlicher Aufbau, eine verständliche Darstellung sowie Erläuterungen zu den einzelnen Rechnungsbestandteilen. Es ist Ziel des Kunden, die Zeit für die Bearbeitung von Rechnungen zu minimieren.

3) GENAUIGKEIT

Der Kunde will den zu zahlenden Betrag anhand der Rechnung überprüfen können. Die Rechnung muß die erbrachten Leistungen genau wiedergeben. Die Leistungen müssen nachvollziehbar sein.

4) AUSWERTBARKEIT

Der Kunde möchte die Rechnungsdaten, insbesondere die Detaildaten, unter verschiedenen Gesichtspunkten auswerten können. Solche Auswertungen können dazu dienen, die Rechnung auf ihre Schlüssigkeit zu prüfen und Einsparungspotentiale aufzudecken. Wünschenswerte Auswertungsmöglichkeiten gehen auch über einzelne Rechnungen hinaus, um die Entwicklung der in Anspruch genommenen Leistungen bzw. der entstandenen Kosten über einen längeren Zeitraum beobachten zu können. Grundsätzlich kann festgehalten werden, daß dieses Interesse in unterschiedlichen Kundensegmenten variiert: Geschäftskunden haben ein größeres Interesse an den Auswertungen als Privatkunden.

Einige Kunden haben auch die Anforderung, ihre Rechnung in verschiedene Teile aufspalten und getrennt betrachten und auswerten zu können [HCS98]. Dazu zählen einerseits große Unternehmen, die Rechnungen gemäß ihrer Kostenstellenstruktur verwalten wollen, aber auch Wohngemeinschaften, die beispielsweise die Telefonrechnung nach Anschlußnummern aufspalten wollen.

5) WEITERVERARBEITBARKEIT

Auch der Bedarf nach Weiterverarbeitung der Daten gestaltet sich in den verschiedenen Kundensegmenten unterschiedlich.

Der Privatkunde steht i.d.R. unter keinem rechtlichen Zwang, Aufzeichnungen über seine Ein- und Ausgaben zu führen. Jedoch gibt es Privatkundensegmente, die solche

Aufzeichnungen führen, um eine bessere Kontrolle über ihre finanziellen Angelegenheiten zu haben. Notwendig wird eine Weiterverarbeitung jedoch für die Bezahlung der Rechnung, sofern der Kunde den Biller nicht bereits dauerhaft ermächtigt hat, fällige Beträge einzuziehen. Der Privatkunde hat ein Interesse daran, die Daten der Rechnung für die Zahlung weiterverarbeiten zu können. Die Zahl der eingehenden Rechnungen ist in Privathaushalten im Vergleich zu Selbständigen und Unternehmen allerdings relativ gering.

Im Bereich der Geschäftskunden besteht eine Aufzeichnungspflicht[8], die normalerweise durch EDV-Systeme unterstützt wird. Der Bedarf an einer effizienten Übernahme der Daten aus den Rechnungen ist daher groß. Kleinere Geschäftskunden beschränken die Aufzeichnungen oft auf das externe Rechnungswesen, wozu die Rechnungsdaten ausreichen. Größere Geschäftskunden betreiben jedoch normalerweise zusätzlich ein internes Rechnungswesen (Kosten- und Leistungsrechnungen), wofür die Rechnungs- und Leistungsdaten in möglichst effizienter Form weiterverarbeitet werden müssen.

6) ARCHIVIERBARKEIT

Der Kunde will die Rechnung archivieren, um den Geschäftsvorfall zu einem späteren Zeitpunkt an Hand der archivierten Rechnung nachvollziehen zu können. Nicht nur Kaufleute[9], sondern auch Privatleute, die entsprechende Kosten in ihrer Steuererklärung geltend machen wollen[10], sind zur mehrjährigen Aufbewahrung der Rechnungen verpflichtet.

7) GUTER SUPPORT

Der Kunde will die Möglichkeit haben, Erläuterungen zu der Rechnung oder einzelnen Rechnungspositionen zu erhalten. Einwände gegen die Rechnung will er auf einfache und schnelle Weise geltend machen können.

8) DATENSCHUTZ

Der Kunde legt Wert darauf, daß weder die von ihm konsumierten Leistungen noch der

---

[8] §238 HGB „Buchführungspflicht"
[9] §257 HGB „Aufbewahrung von Unterlagen, Aufbewahrungsfristen"
[10] §147 AO „Ordnungsvorschriften für die Aufbewahrung von Unterlagen"

Tatbestand, daß eine Geschäftsbeziehung zu einem bestimmten Leistungserbringer unterhalten wird, Dritten zugänglich ist.

9) STEUERRECHTLICHE ANERKENNUNG

Unternehmer[11] sind gemäß §15 Umsatzsteuergesetz (UStG) berechtigt, die an andere Unternehmen gezahlte Umsatzsteuer (genannt Vorsteuer) von der eigenen Umsatzsteuerschuld abzuziehen. Der Paragraph 14 des Umsatzsteuergesetzes legt die Anforderungen an eine zum Vorsteuerabzug berechtigende Rechnung fest. Darin heißt es in Absatz 4: „Rechnung ist jede Urkunde, mit der ein Unternehmer oder in seinem Auftrag ein Dritter über eine Lieferung oder sonstige Leistung gegenüber dem Leistungsempfänger abrechnet, gleichgültig, wie diese Urkunde im Geschäftsverkehr bezeichnet wird." Die notwendigen Rechnungsbestandteile gemäß UStG wurden bereits in Kapitel 2.4 erwähnt.

Privatkunden sind nicht zum Vorsteuerabzug berechtigt. Jedoch besteht die Möglichkeit, verschiedene Ausgaben (z.B. Werbekosten, Versorgungsaufwendungen, außergewöhnliche Belastungen) im Rahmen einer Einkommensteuererklärung steuermindernd geltend zu machen. Laut Oberamtsrat Rondorf [RON98] legen die Finanzbehörden zu den Regelungen des UStG analoge Anforderungen zu Grunde.

10) NIEDRIGE KOSTEN

Schließlich sollte die Rechnung für den Kunden möglichst geringe Kosten verursachen. Dabei sind auch nicht quantifizierbare Kosten zu berücksichtigen. Bei allen Kundensegmenten einfach zu quantifizieren sind die Transaktionskosten der Bezahlung. Bei Unternehmen sind auch die Prozeßkosten für den Gesamtvorgang der Entgegennahme, Prüfung und Bezahlung der Rechnungen bewertbar, an denen üblicherweise mehrere verschiedene Personen beteiligt sind. Wichtigster Faktor ist dabei die aufgewendete Zeit, bewertet mit den Personalkosten der involvierten Personen. Eine Minimierung der Durchlaufzeit wird daher angestrebt.

---

[11] §2 UStG definiert als Unternehmen, wer eine gewerbliche oder berufliche Tätigkeit selbständig ausübt: „Das Unternehmen umfaßt die gesamte gewerbliche oder berufliche Tätigkeit des Unternehmers. Gewerblich oder beruflich ist jede nachhaltige Tätigkeit zur Erzielung von Einnahmen, auch wenn die Absicht, Gewinn zu erzielen, fehlt oder eine Personenvereinigung nur gegenüber ihren Mitgliedern tätig wird."

Bei Privathaushalten ist ein Zeitaufwand meßbar, der für die Bearbeitung der Rechnung erforderlich ist. Hier ist die monetäre Aufwandsbewertung schwierig. Ein möglicher Ansatz wäre, die aufgewendete Zeit mit dem durchschnittlichen Einkommen des bearbeitenden Familienmitgliedes zu bewerten. Allerdings ist zweifelhaft, daß das Familienmitglied die Zeit andernfalls mit Mehrarbeit verbringen würde. Es handelt sich wohl mehr um Freizeitverlust, der ebenso schwer bewertbar ist wie die Arbeit einer Hausfrau.

11) KOMFORTABLE ZAHLUNGSSCHNITTSTELLE

Die Bedienung der Zahlungsschnittstelle soll flexibel und komfortabel sein. Bezüglich der verwendeten Zahlungssysteme hat der Kunde ein Interesse daran, zwischen den ihm zur Verfügung stehenden Zahlungssystemen wählen zu können. Er möchte möglichst keine große Anzahl von Zahlungssystemen bereithalten müssen aufgrund unterschiedlicher Präferenzen seitens der Biller. Dies wäre für den Kunden mit hohen Fixkosten verbunden.

12) ÜBERNAHME DER RECHNUNGSDATEN

Die Übernahme der Rechnungsdaten in den Zahlungsauftrag bzw. die Zahlungsermächtigung soll möglichst einfach und ohne Medienbruch möglich sein. Dabei sollen die Daten nicht wie beim Biller notwendigerweise konsistent sein: Der Kunde erwartet, die Rechnung kürzen zu können, wenn sie aus seiner Sicht nicht korrekt ist oder er mit der erbrachten Leistung nicht zufrieden ist.

13) EINFLUß AUF DEN ZEITPUNKT DER ZAHLUNG

Die Beeinflussung des Zeitpunktes der Zahlung ist für den Kunden aus Liquiditätsgründen und zur Erlangung von Zinsvorteilen (indem er zum letztmöglichen Termin zahlt) relevant. Auch steuerliche Vorteile sind im Rahmen steuerrechtlicher Wahloptionen möglich (beispielsweise Selbständige, die eine Einnahme-Überschuß-Rechnung erstellen und mit dem Zahlungszeitpunkt bestimmen können, welcher Abrechnungsperiode der Betrag zufällt).

4 Papierbasierte Billing-Verfahren

In diesem Kapitel werden die Grenzen papierbasierter Billing-Verfahren untersucht.

4.1 Papierbasiertes Bill Presentment

Der traditionelle Zustellweg von Rechnungen ist die konventionelle Briefpost. Der Biller, der die Leistungs- und Rechnungsdaten üblicherweise in einem EDV-System (Billing-System) verwaltet, druckt die Daten auf Papier aus und sendet diese dem Kunden zu. Beim Kunden müssen diese Papier-Rechnungen dann zur Weiterverarbeitung in EDV-Systemen erneut erfaßt werden.

Für die Zustellung der Papier-Rechnung wird die normale Briefpost ohne Empfangsbestätigung benutzt. Mahnungen werden jedoch oft per Einschreiben/Rückschein oder Postzustellungsurkunde versandt, um einen Nachweis der Zustellung zu erhalten.

Viele Rechnungssteller lagern Rechnungsvorgänge ganz oder teilweise aus, was in Kapitel 2.1.1 als Bill Outsourcing definiert wurde. Bill Outsourcing ist beim papierbasierten Rechnungsverfahren in verschiedenen Variationen möglich: Sofern Rechnungen in großen Massen anfallen (z.B. in der Telekommunikationsindustrie [REI98]) werden Druck, Kuvertierung und Versand der Rechnungen an sogenannte Printshops vergeben. Andere Unternehmen lassen das Eintreiben von ausstehenden Beträgen durch Inkassofirmen erledigen. Eine weitere Outsourcing-Form ist das Factoring, bei dem ein Finanzierungsinstitut (Factor) Forderungen des Billers übernimmt. Der Factor stellt dem Biller den Gegenwert der Forderung abzüglich einer Gebühr zur Verfügung und trägt – falls vertraglich vereinbart - das Ausfallrisiko selbst [WEI93, Seite 273].

4.2 Papierbasiertes Bill Payment

Zum papierbasierten Bill Payment werden hier alle Zahlungssysteme gerechnet, die zumindest einmalig und zumindest in einem Teilprozeß den Austausch von Papierbelegen verlangen.

Papierbelege zur Einleitung von Zahlungen werden einerseits von Kunden erzeugt. Diese Belege senden sie entweder an die Bank (Zahlungsauftrag, z.b. Überweisungsauftrag, Dauerauftrag) oder an den Biller (Zahlungsermächtigung, z.b. Einzugsermächtigung, Verrechnungsscheck).

Papierbelege werden andererseits in der Kommunikation zwischen dem Biller und seiner Bank verwendet. Der Biller erhält von seiner Bank Kontoauszüge mit eingegangenen Zahlungen der Kunden auf Papier, die er in seine Buchhaltungssysteme eingibt (Bill Posting). Er erteilt seiner Bank Aufträge zum Einzug von Beträgen vom Konto des Kunden. Bei einer eingehenden Einzugsermächtigung stellt der Biller einen Lastschriftauftrag aus, während die Einzugsermächtigung bei ihm archiviert wird. Bei eingehenden Verrechnungsschecks werden diese zusammen mit einem Zusatzbeleg an die Bank weitergeleitet. Reinhardt [REI98] meint, daß in großen Unternehmen die Papierform beim Lastschrifteinzug bereits vollständig von elektronischen Verfahren abgelöst ist. Aus eigener Erfahrung weiß der Autor dieser Diplomarbeit jedoch, daß papierbasierte Zahlungssysteme bei kleineren Billern wie Freiberuflern, kleinen Gewerbebetrieben und Vereinen auch heute noch üblich ist.

Die nachfolgende Tabelle gibt einen Überblick über übliche papierbasierte Zahlungssysteme:

	Einmaliger Auftrag	Wiederholungen möglich
Kunde beauftragt Bank (Zahlungsauftrag)	• Überweisung • Bareinzahlung	• Dauerauftrag
Kunde ermächtigt Biller (Zahlungsauftrag)	• Verrechnungsscheck • Lastschrift • Kreditkarte	• Lastschrift • Kreditkarte
Andere Verfahren	• Nachnahme bei Warensendungen	

Tabelle 3: Papierbasierte Zahlungssysteme

Während es in Deutschland im Privatkundenbereich weit verbreitet ist, sich Miete, Energiekosten, Versicherungsbeiträge und andere wiederkehrende Verpflichtungen per

Bankeinzug in definierten Intervallen vom Konto abbuchen zu lassen und nur ein oder zweimal jährlich eine Gesamt(ab)rechnung zu erhalten, ist es in den USA üblich, monatlich eine einzelne Rechnung zu bekommen. So gehen laut einer Untersuchung der Firma Home Financial Network [DIT98] in einem amerikanischen Haushalt im Durchschnitt 12,4 Rechnungen im Monat ein. Auch die Art der Begleichung der Rechnungen unterscheidet sich: In den USA werden von den Konsumenten laut Orr [ORR98] und Dittrich [DIT98] 90% aller Rechnungen per postversandtem Verrechnungsscheck bezahlt – ein Verfahren, das in Deutschland zwischen Privatkunden und Unternehmen unüblich ist. Im Jahr 1996 wurden in den USA 65 Milliarden Verrechnungsschecks per Post versandt [MIT97, Seite 65], obwohl auch in den USA seit 1978 mit dem Federal Reserve Automated Clearing House (ACH) ein effizientes Abbuchungsverfahren zur Verfügung steht [JOH97, Seite 58]. In Europa dagegen sind Daueraufträge und Überweisungen sehr verbreitet und der Scheckversand insbesondere zwischen Privatleuten und Unternehmen unüblich [TAL98, Seite 71].

Die Firma InvoiceLink erläutert auf ihrer Website [INV98a], daß Abbuchungsverfahren in den USA nicht populär sind, weil der Kunde die Kontrolle über den Zeitpunkt der Zahlung verliere und bei Bedarf nicht die Möglichkeit habe, die Zahlung zurückzuhalten. Dementsprechend bekommen US-Kunden sehr viel mehr Einzelrechnungen für Leistungen, die in Deutschland nur einmal jährlich in Rechnung gestellt und in regelmäßigen Abständen abgebucht werden (z.B. Strom, Gas, Miete).

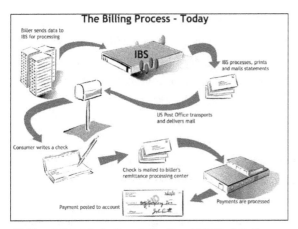

Abbildung 4: Beispielhafter Paper-Billing-Prozeß [IBS98a, Seite 8]

Die obige Graphik zeigt den Ablauf des Paper-Billing aus der Sicht des amerikanischen Bill Publishers „International Billing Systems" (IBS). Die Zahlung erfolgt – typischerweise – per Verrechnungsscheck.

4.3 Bewertung aus der Sicht des Billers

1) NIEDRIGE KOSTEN

Beim Versand einer Rechnung auf Papier fallen insbesondere folgende variable Kosten an:

- Prozeßkosten für die Zusammenstellung der Rechnung
- Druckkosten für die Rechnung
- Druckkosten der Beilagen (Marketinginformationen)
- Materialkosten (Papier, Briefumschläge, etc.)
- Kosten für Kuvertierung
- Portokosten.

Als quantitative Anhaltspunkte sollen verschiedene Angaben von Billing-System-Anbietern und Autoren aus den USA genannt werden, die im Internet zu finden sind:

- Orr nennt eine Spanne von 0.80\$-1.35\$ [ORR98].
- Die Firma Netdelivery [NET98a] ermittelt 1,50\$ pro Rechnung.
- Die Firma CyberCash [CYB98c] geht von einem Dollar allein für die Prozeßkosten aus. Zahlen für Papier und Postgebühren nennt der Autor nicht.
- Dagegen erwähnt die Firma Just In Time Solutions [JIT98d] ausschließlich Ausdruck und Postgebühren. Angegeben werden 0.40\$-0.60\$ pro Rechnung.
- Kerstetter nennt 0,90\$ für Prozeßkosten und Postgebühren bei großen Unternehmen, die Kostendegressionseffekte ausnutzen können [KER98].

Derartige Zahlen dürften auch für Deutschland realistisch sein. Es ist nicht Ziel dieser Arbeit, quantitative Aussagen zu treffen. Als qualitative Aussage läßt sich jedoch feststellen, daß diese Kosten hoch sind. Der Versand von Rechnungen mit kleinen Geldbeträgen ist somit nicht wirtschaftlich. Gerade bei Billern mit hohem Rechnungsaufkommen ergäben sich erhebliche Einsparungen, wenn die Kosten pro Rechnung gesenkt werden könnten.

2) HOHE GESCHWINDIGKEIT

Die Beförderung der Briefpost ist im Vergleich zu elektronischen Verfahren sehr langsam. Das Prinzip E+1 der Deutschen Post AG, demzufolge die Sendung am ersten Tag
nach der Einlieferung beim Empfänger ankommen soll, kann jedoch - wie zahlreiche
Untersuchungen bereits gezeigt haben - nicht in allen Fällen gehalten werden. In anderen Ländern aber beträgt die Beförderungsdauer in manche Gebiete selbst ohne Störungen regulär mehrere Tage.

3) ZUVERLÄSSIGKEIT

Die Briefpost in Deutschland ist relativ zuverlässig. Doch kommt es immer wieder zu
Fällen, in denen die Briefsendungen die Empfänger nicht erreichen, wobei dafür unterschiedliche Ursachen (z.B. Verluste auf dem Postweg, Diebstähle aus dem Briefkasten)
auszumachen sind.

4) NACHWEISBARKEIT

Der Zugang einer normalen Briefsendung ist nicht nachweisbar. Zum einen besteht die
Möglichkeit, daß die Briefsendung tatsächlich nicht zugestellt wurde; zum zweiten, daß
der Kunde die Rechnung zwar erhalten, aber nicht als solche wahrgenommen hat, sondern nach flüchtigem Betrachten als Werbung identifiziert und weggeworfen hat. Zum
dritten kann der Kunde auch auf einfache Weise den Zugang leugnen. Ein Nachweis des
Zugangs ist nur über Briefzusatzleistungen (Einschreiben, Rückschein, Postzustellungsurkunde) möglich, die zusätzliche Kosten verursachen. Diese sind aufgrund ihrer Kosten
für den Massenversand von Rechnungen mit geringen bis mittleren Beträgen unange-
messen. Sie kommen lediglich für Rechnungen mit hohen Beträgen in Betracht, da hier
die Zusatzkosten im Vergleich zum Rechnungsbetrag zu vertreten sind. Normalerweise
werden Rechnungen als einfache Briefe versandt.

5) DATENSCHUTZ

Die Möglichkeit, daß Briefe durch Postbeamte geöffnet oder durch Dritte aus Briefkästen entwendet werden, besteht durchaus. Jedoch ist die gezielte Ausspähung eines Billers zur Erlangung von Kundenadressen nur sehr schwer möglich (anders als beim Kun-

den, siehe Kapitel 4.4).

6) EINSATZ DER RECHNUNG ALS MARKETINGINSTRUMENT

Nachteil der Papier-Rechnung aus Marketingsicht ist die Beschränkung des Umfangs der Rechnungssendung aufgrund der hohen Portokosten sowie der Gestaltung (z.b. Farben) aufgrund der hohen Druckkosten.

Auch wird das One-To-One-Marketing eingeschränkt durch die Konditionen der Postunternehmen. So bietet die Deutsche Post AG günstige Massenkonditionen mit den Produkten Infobrief und Infopost nur unter der Voraussetzung an, daß alle Sendungen grundsätzlich inhaltsgleich sein müssen hinsichtlich Anzahl und Beschaffenheit der Schriftstücke, der Beilagen sowie der Gestaltung der Umhüllung und im Format [POS98]. Der Biller kann also keine individuellen Marketinginformationen beilegen, wenn er die Vorteile des Massenversandes nutzen will. Weiterhin entstehen für individuelle Postsendungen auch erhöhte Kosten bei der Zusammenstellung der Sendungen. Dennoch wird die Rechnung als Marketinginstrument genutzt, zumal es möglich ist, auch auf der Rechnung selbst Werbeinformationen aufzudrucken.

7) MINIMIERUNG DES AUFWANDES FÜR DAS CUSTOMER CARE

Da es beim Postversand keinen direkten Rückkanal vom Kunden zum Biller gibt, ist der Aufwand von telefonisch, schriftlich oder persönlich eingehenden Fragen und Eingaben des Kunden hoch. Die Firma Just In Time Solutions nennt folgende Zahlen [JIT98c]: Schätzungsweise 70% aller Kundeneingaben erfolgen telefonisch, was mit Kosten für den Biller von 3 bis 5 US-Dollar pro Minute verbunden ist.

Viele Ausnahmefälle bei der Zahlungsabwicklung – wie die Überschreitung des Zahlungsziels und die Überbezahlung – werden heute von Billing-Systemen automatisch behandelt. Dennoch verbleiben Fälle bei papierbasierten Zahlungssystemen (z.B. Einzugsermächtigung nicht unterschrieben, Verrechnungsscheck falsch ausgestellt), die manuell bearbeitet werden müssen.

8) EINFACHE ZAHLUNGSSYSTEME

Auf Papierbelegen basierende Zahlungssysteme sind aufgrund der Medienbrüche aufwendig und fehleranfällig.

Der Biller kann zwar auf der Rechnung die ihm genehmen Zahlungssysteme angeben, jedoch technisch nicht durchsetzen, daß der Kunde diese Vorgaben beachtet (Beispiel: „Schicken Sie kein Bargeld" wird mißachtet). Der Biller steht dann vor der Wahl, zwischen dem Mehraufwand, das Zahlungssystem zu akzeptieren oder dem Mehraufwand, den Kunden zu kontaktieren.

9) KONSISTENZ ZWISCHEN RECHNUNGSDATEN UND ZAHLUNGSDATEN

Eine automatisierte Konsistenzprüfung bei der Erstellung des Zahlungsauftrages bzw. der Zahlungsermächtigung ist nicht möglich. Durch die manuelle Übernahme sind Übertragungsfehler nicht auszuschließen, die verhindern können, daß der Biller den Zahlungseingang einer ausgestellten Rechnung zuordnen kann. Auch muß der Biller hinnehmen, daß der Kunde bei der Angabe des Verwendungszwecks nicht die gewünschten Angaben von der Rechnung übernimmt. Um dies zu vermeiden, senden viele Biller den Kunden vorgedruckte Überweisungsformulare zusammen mit der Rechnung zu.

10) EFFIZIENTES BILL POSTING

Rein papierbasierte Zahlungssysteme verlangen beim Biller eine manuelle Erfassung der Zahlungseingänge in die Billing-Systeme. Eine Verbesserung demgegenüber stellen die in Kapitel 5.2 vorzustellenden Electronic Funds Transfer Systeme dar. Doch auch dann verbleiben Zahlungssysteme (z.B. Einzugsermächtigung, Scheck), die zumindest in einem Schritt eine manuelle Erfassung erfordern. Durch Eingabefehler kann dem Biller Schaden in finanzieller Hinsicht und beim Kundenimage entstehen.

4.4 Bewertung aus der Sicht des Kunden

1) EINFACHE ZUGÄNGLICHKEIT

Eine Papier-Rechnung ist für den Kunden im Normalfall leicht zugänglich. Rechnungen werden in seinem Briefkasten deponiert, wo er einfach auf diese zugreifen kann. Das Öffnen eines Briefumschlages ist unaufwendig.

Allerdings ergeben sich Probleme, wenn der Kunde beispielsweise aufgrund berufsbedingter Abwesenheit, Urlaub oder Krankheit über mehrere Tage hinweg nicht auf seinen Briefkasten zugreifen kann und er so nicht darüber informiert ist, welche Rechnungen für ihn eingegangen sind (Hinzu kommt die begrenzte Aufnahmekapazität eines Briefkastens). Es besteht die Möglichkeit, sich die Post nachsenden zu lassen. Dieser Dienst der Deutschen Post AG ist kostenlos, jedoch ist das Verfahren für die Post arbeitsaufwendig und für den Kunden mit erheblichen Verzögerungen verbunden.

Die Intervalle, in denen die Rechnungen dem Kunden zugehen, sind meist von diesem nicht beeinflußbar. Auch den Ansprüchen des Hot Billing wird das Paper-Billing mit der Transportzeit von mindestens einem Tag nicht gerecht.

2) VERSTÄNDLICHKEIT

Eine Papier-Rechnung stößt bei komplexeren Dienstleistungen (z.B. einer Telekommunikationsrechnung) an ihre Grenzen, weil die Möglichkeiten der Darstellung beschränkt sind. Das Medium Papier erlaubt dem Nutzer keine Interaktion, sondern lediglich eine Konsumption, da er keinen Einfluß auf die Darstellung der Informationen hat. Darstellungsmöglichkeiten und Darstellungsvielfalt sind zudem begrenzt durch die hohen Kosten für Druck und Versand.

3) GENAUIGKEIT

Auch die Genauigkeit ist beschränkt, insbesondere bei komplexeren Dienstleistungen mit vielen Detaildaten, die aufgrund der hohen Kosten nicht alle übertragen werden können.

4) AUSWERTBARKEIT

Bei einer Papier-Rechnung ist der Kunde auf die vom Biller vorgegebenen Auswertungsmöglichkeiten beschränkt. Dem Kunden umfangreiche Auswertung zur Verfügung zu stellen würde bei einer Papier-Rechnung einen hohen zusätzlichen Aufwand für Erstellung und Versand bedeuten. Im Normalfall werden dem Kunden nur nach einem einzigen Kriterium sortierte Rohdaten präsentiert (z.B. nach Datum/Uhrzeit sortierter Einzelverbindungsnachweis bei der Telefonrechnung). Das Paper-Billing ist zudem kein geeignetes Verfahren, um die Kundenanforderung zur Aufspaltung von Rechnungen gemäß einer definierbaren Organisationsstruktur zu ermöglichen. Für den Biller wäre damit ein erheblicher Zusatzaufwand für die Pflege der Organisationsstrukturen des Kunden und höhere Versandkosten verbunden.

5) WEITERVERARBEITBARKEIT

Die Nutzung der Rechnungs- und Leistungsdaten auf der Seite des Kunden ist dadurch erschwert, daß die Informationen auf Papier zugestellt werden und somit zunächst wieder digitalisiert werden müssen. Stoetzer [STE94, Seite 16] schätzt, daß 70% aller geschäftlichen Daten, die in Computer eingegeben werden, ursprünglich Output eines anderen Computers sind. „Die direkte Übernahme der Daten von Computer zu Computer ohne weitere Medienbrüche verringert die Fehlerzahl aufgrund immer neuer Eingaben, erhöht die Schnelligkeit der Kommunikation erheblich und vereinfacht sie, da der Kommunikationspartner länger erreichbar ist." [ebenda]

In starkem Maße davon betroffen sind Geschäftskunden, bei denen eine EDV-Buchhaltung üblich ist und große Mengen von Papier-Rechnungen manuell in diese Systeme eingegeben werden müssen. Das Einscannen der Rechnungen mit anschließendem Optical Character Recognition (OCR) zum Zwecke der Weiterverarbeitung ist erschwert durch die starken Variationen im Rechnungsaufbau bei verschiedenen Billern.

6) ARCHIVIERBARKEIT

Papier-Rechnungen verbrauchen bei ihrer Archivierung viel Platz. Schuppenhauer [SCH94, Seite 2041] nennt die langen Aufbewahrungsfristen für die riesigen Papiermengen ein Ärgernis für die Wirtschaft. Die Archivierung und Katalogisierung erfolgt wegen der mangelnden Weiterverarbeitbarkeit oft manuell. Die elektronische Archivierung ist erlaubt (vgl. Kapitel 9.1.2), allerdings ist das Digitalisieren der Papierrechnungen aufwendig.

7) GUTER SUPPORT

Der Support per Telefon ist nur dann für den Kunden angenehm, wenn Gesprächsgebühren und Wartezeit gering sind; Schriftverkehr mit dem Biller ist sehr langsam. Ein Telefaxgerät steht nicht allen Privathaushalten zur Verfügung.

8) DATENSCHUTZ

Aus der Sicht des Kunden ist der Datenschutz beim Briefverkehr etwas schlechter zu bewerten als für den Biller. Dritte haben durch Diebstahl von Briefen aus Briefkästen oder durch nicht legitimierte Beauftragungen von Nachsendungen[12] die Möglichkeit, eine Person gezielt auszuspionieren.

9) STEUERRECHTLICHE ANERKENNUNG

Das papierbasierte Bill Presentment erfüllt die Voraussetzungen des UStG, die zum Vorsteuerabzug berechtigen, unter dem Vorbehalt, daß alle Angaben gemäß §14 UStG auf der Rechnung enthalten sind [BMF92].

10) GERINGE KOSTEN

Dem Kunden entstehen durch die aufwendigen Medienbrüche hohe Kosten. Auch sind die Transaktionskosten für Zahlungssysteme, die auf Papierbelegen beruhen, hoch durch den Aufwand, die Papierbelege zu erstellen und an die Bank bzw. den Biller weiterzuleiten.

11) KOMFORTABLE ZAHLUNGSSCHNITTSTELLE

Die Zahlungsschnittstelle bei papierbasierten Zahlungssystemen ist unkomfortabel und arbeitsaufwendig aufgrund der Erstellung von Papierbelegen.

Unter den zur Verfügung stehenden papierbasierten Zahlungssystemen ist das Lastschriftverfahren aus der Sicht des Kunden das bequemste; nach einmaliger Sendung einer Ermächtigung an den Biller hat der Kunde mit der Bezahlung folgender Rechnungen nichts mehr zu tun. Das Beispiel USA zeigt deutlich, daß es nicht überall akzeptiert wird, daß der Biller ohne explizite Bestätigung des Kunden von seinem Konto abbuchen darf.

Aus der Sicht des Kunden sind Zahlungsaufträge an die eigene Bank (z.B. Überweisung) die nächste Alternative, weil er mehrere Aufträge für verschiedene Biller in einem

---

[12] Bei der Stellung eines Nachsendeauftrages überprüft die Deutsche Post AG nicht die Legitimation des Antragstellers. Es wurden Fälle bekannt, wo Kriminelle sich dies zunutze machten, um sich in den Besitz von personenbezogenen Informationen zu bringen, indem sie die Post eines Dritten umleiten ließen.

Kontakt zur Bank abwickeln kann, während er beim Verrechnungsscheckversand an jeden Biller einzeln eine Postsendung schicken muß.

12) ÜBERNAHME DER RECHNUNGSDATEN

Die Bezahlung von Papier-Rechnungen ist immer mit einem Medienbruch verbunden, der großen manuellen Aufwand erfordert und anfällig ist für Übertragungsfehler.

13) EINFLUß AUF DEN ZEITPUNKT DER ZAHLUNG

Bei Daueraufträgen und oft auch bei Lastschriften kann der Kunde einen gewünschten Abbuchungstermin angeben, diesen jedoch nur unter großem Aufwand wieder ändern. Will der Kunde sich nicht an einen regelmäßigen Abbuchungstermin binden, muß er die Rechnungen durch einzelne Zahlungsaufträge leisten.

Der Kunde hat dann die Wahl, Rechnungen sofort nach deren Eingang zu bezahlen, damit er sie nicht vergißt. Oder er will Zinsvorteile wahren und sicherstellen, daß er den Fälligkeitstermin nicht überschreitet. Eine maschinelle Unterstützung darin, Zahlungen zur Wahrung von Zinsvorteilen zu einem bestimmten Termin zu erledigen, fehlt beim Paper-Billing.

5 Bestehende Electronic Billing-Ansätze

In Verbesserung der papierbasierten Zustellung und Bezahlung von Rechnungen existieren bereits Verfahren zum Electronic Billing, die im folgenden getrennt nach Bill Presentment und Bill Payment vorgestellt werden.

5.1 Electronic Bill Presentment

Im Rahmen von Verfahren des Electronic Data Interchange (EDI) existieren bereits Datenformate zum Electronic Bill Presentment. Stahlknecht definiert EDI als den elektronischen Datenaustausch mit Hilfe der Datenübertragung [STA93, Seite 390]. Dabei können alle Arten von Netzwerken und Netzwerkprotokollen genutzt werden. Üblich ist die Verbindung über öffentliche Netze in Form von Wähl- oder Standleitungen [ebenda]. Bei den Protokollen sind FTAM und X.400 verbreitet [ZWI98]. Bestrebungen, EDI über das Internet zu nutzen, haben bislang keine greifbaren Ergebnisse hervorgebracht (vgl. [VGA95] und [IET98]).

Neben branchenspezifischen EDI-Standards wie ODETTE (Organisation for Data Exchange by Teletransmission) für die Automobilindustrie erhebt EDIFACT einen branchenübergreifenden Anspruch [STA93, Seite 392].

5.1.1 EDIFACT

EDIFACT (Electronic Data Interchange for Administration Commerce and Transport) wurde im Jahr 1987 auf Initiative der Europäischen Wirtschaftskommission der Vereinten Nationen (UNECE) geschaffen und bei der International Standardisation Organisation (ISO) unter ISO 9735 verabschiedet [MEH89][STA93, Seite 396]. EDIFACT bietet genormte Lösungen für die Übertragung typischer Geschäftsvorfälle, z.B. Rechnung, Bestellung, Lieferschein, Gutschrift [STA93, Seite 396].

Um EDIFACT einsetzen zu können, wird ein EDIFACT-System benötigt, das aus Software- und Hardwarekomponenten besteht [ZWI98]. Zudem müssen die partizipierenden

Unternehmen bzw. deren EDIFACT-Systeme durch ein Netzwerk physisch verbunden sein. Auf beiden Seiten können unterschiedlichste Softwaresysteme für die Erstellung bzw. den Empfang von EDIFACT-Nachrichten eingesetzt werden. Sofern diese Softwaresysteme keine EDIFACT-Nachrichten verarbeiten können, müssen Konverter eingesetzt werden, die die Datenstrukturen in die EDIFACT-Norm übersetzen [STA93, Seite 396].

Auch wenn die elektronische Kommunikation viele Vorteile bietet, ist die Akzeptanz des EDIFACT-Standards heute immer noch relativ gering. In den USA gab es zum Stand erstes Quartal 1998 lediglich 120.000 EDI-Partner [NET98b]. Laut einer Erhebung des Beratungsunternehmens Arthur D. Little aus dem Jahre 1996 ist nur für 7,3% der deutschen Unternehmen EDIFACT relevant [STR97, Seite 88]. In Deutschland sind die Haupteinsatzgebiete die Automobilindustrie, Banken Handel und Versicherungen [THO90][STR97, Seite 88].

Zwischenberger [ZWI98] nennt folgende Gründe für die geringe Akzeptanz von EDIFACT (vgl. auch bei Stahlknecht [STA93, Seite 396f.]):

- die aufwendige Implementierung von Konvertern zur Anbindung an bestehende Systeme
- die notwendigen organisatorischen Umstrukturierungen zur Integration von EDIFACT
- der hohe Zeitaufwand zur Einführung von EDIFACT
- der kostenintensive Betrieb von EDIFACT-Verbindungen über Stand- oder öffentliche Wählleitungen
- das Festhalten an alten De-Facto-Standards, die vor EDIFACT existierten und untereinander und zu EDIFACT inkompatibel sind.

Gebker [GEB89] schreibt, daß zwischen dem ersten Gespräch über EDIFACT und der Einführung mindestens ein halbes Jahr vergeht. Strömer zieht folgendes Fazit: „Die ursprüngliche Idee, einen offenen und allgemein nutzbaren Standard zu etablieren, scheint aber heute weniger zu verwirklichen zu sein denn je" [STR97, Seite 88].

5.1.2 ELFE

Zu EDIFACT existieren verschiedene Unterstandards [STA93, Seite 396]. Basierend auf EDIFACT wurde von der Deutschen Telekom AG (DATG) ein Standard für eine Elektronische Fernmelderechnung „ELFE" (Elektronische Rechnung im Format EDI-FACT) entwickelt [TKG98][MIN98]. Dieser Standard wird inzwischen auch von anderen deutschen Telekommunikationsanbietern (z.b. D2, E-Plus) verwendet, wobei jeder Anbieter seinen eigenen Unterstandard entworfen hat, welche zueinander nicht kompatibel sind [REI98]. Notwendig sind Konverter, die nur von wenigen Softwareherstellern[13] angeboten werden und teuer sind [ebenda].

5.2 Electronic Funds Transfer Systems (EFTS)

Electronic Funds Transfer Systems (EFTS oder EFT-Systeme) ermöglichen den elektronischen Austausch von Zahlungsdaten zwischen Organisationen [ILL97, Seite 162]. Dabei existieren einerseits EFT-Systeme zum Datenaustausch zwischen Banken (z.b. SWIFT[14]), andererseits zum Datenaustausch zwischen Banken und ihren Kontoinhabern (z.b. DTA) [STA93, Seite 383f.]. EFT-Systeme werden auch als beleglose Zahlungssysteme bezeichnet [STA93, Seite 384]. Dabei können Daten sowohl von den Kontoinhabern zur Bank (z.b. Überweisungsaufträge, Lastschriften) als auch von der Bank zum Kontoinhaber (z.b. Kontostände, Umsätze) transferiert werden. Somit können sowohl das Bill Payment als auch das Bill Posting elektronisch abgewickelt werden.

Während EFT-Systeme früher ausschließlich über den Austausch von Magnetbändern und Disketten realisiert wurden, kann heute die Datenübertragung über verschiedene Netzwerke genutzt werden. Dazu haben sich einige Verfahren etabliert, die im folgenden vorgestellt werden.

5.2.1 Automatic Teller Maschines (ATM)

Die einfachste Form von EFT-Systemen sind Geldautomaten, die in der englischen Sprache Automatic Teller Maschines (ATM) genannt werden. Die Grundfunktion von Geldautomaten ist die Auszahlung von Bargeld. Darüberhinaus bieten einige Geldauto-

---

[13] z.B. Mind CTI, Köln, http://www.mind-cti.de
[14] Society for World Wide Interbank Financial Telecommunication, 1977 gegründet

maten eine einfache Zahlungsschnittstelle, mit der Überweisungen veranlaßt werden können. Geldautomaten haben den Nachteil, daß sie nicht vom Büro oder Wohnsitz aus benutzt werden können.

5.2.2 Homebanking

Die Abwicklung von Bankgeschäften am PC war seit Beginn einer der beliebtesten Dienste des unter dem Namen Bildschirmtext (BTX) gegründeten Netzwerks der Deutschen Telekom AG (DTAG). Nachdem das Netzwerk zwischenzeitlich in Datex-J umbenannt wurde, heißt es heute T-Online. Bankkunden erhalten über ihre Kontonummer und eine spezielle PIN-Nummer Zugriff auf die eigenen Kontoinformationen. Aufträge wie Überweisungen sind durch die Eingabe eines nur einmalig verwendbaren Transaktionscodes (TAN) zusätzlich gesichert. Nachteilig ist die wenig komfortable Bedienung der textbasierten Zahlungsschnittstelle über die Tastatur. Die im nächsten Abschnitt beschriebenen PFM-Programme bieten eine einfachere Schnittstelle zum Banking über T-Online.

Inzwischen ermöglichen Banken Homebanking auch über das WWW[15]. Internet Banking hat den Vorteil einer komfortableren Schnittstelle, aber den großen Nachteil, daß die Daten nicht wie bei T-Online nur durch das Netz eines Providers, sondern durch viel leichter abhörbare Internet laufen.

5.2.3 Personal Finance Management Software

Personal Finance Management-Programme (PFM) verfügen seit einiger Zeit über Schnittstellen zur elektronischen Übertragung von Kontoauszügen und Zahlungen über Netzwerke. Je nach nationalen Gegebenheiten werden dabei Online-Dienste oder direkte Einwahlmöglichkeiten der Banken zur Datenübermittlung benutzt. In Deutschland ist die Übertragung via T-Online weit verbreitet. In den USA nutzen drei Millionen Einwohner Möglichkeiten, Rechnungen per PC-Direkteinwahl in das jeweilige Bankennetzwerk zu bezahlen [OSU98, Seite 52].

In Deutschland verbreitete PFM-Programme sind Intuit Quicken und Microsoft Money,

---

[15] z.B. http://www.advance-bank.de, http://www.bank24.de, http://www.sparkasse-essen.de

in den USA auch Managing Your Money der Firma Meca. Die amerikanische Firma Home Financial Network gestaltet ihre Produkte „Home ATM" und „Internet ATM" im Look&Feel eines Geldautomaten, um den Grad der Vertrautheit und so die Akzeptanz der Nutzer zu steigern [HFN98].

5.2.4 Elektronischer Datenträgeraustausch (DTA)

Das in den 70er Jahren von den deutschen Banken konzipierte Datenträger-Austauschformat (DTA) ermöglicht, Zahlungsdaten elektronisch zwischen Banken und ihren Kunden auszutauschen [ZWI98]. DTA-Dateien können heute mit Hilfe vieler verschiedener Softwareprogramme erzeugt werden. Darunter sind große kaufmännische Systeme wie SAP und Oracle Financials, aber auch Buchführungsprogramme (z.b. KHK), Vereinsverwaltungssoftware (z.B. Verein 2000) und reine DTA-Programme (z.B. ZVlight). Damit ist sowohl elektronisches Bill Payment für den Kunden als auch elektronisches Bill Posting für den Biller realisierbar.

Das DTA-Format weist jedoch einige Defizite auf [ZWI98]. So verfügt das Format über keinen strukturierten Nachrichtenteil für den Verwendungszweck und ist mit einer Länge von 13x27 Stellen den heutigen Anforderungen im kommerziellen Zahlungsverkehr nicht gewachsen. Häufig müssen die Angaben zum Verwendungszweck dem Begünstigten deshalb separat in Papierform zugestellt werden [ebenda].

5.2.5 Check Service Provider (CSP)

Sogenannte Check Service Provider (oder Bill Payment Provider) sind eine amerikanische Eigenart [ORR98]. Sie bieten dem Kunden einfachere Wege, Rechnungen zu bezahlen, als über den Versand von Verrechnungsschecks. Zahlungsanweisungen sind schon seit Jahren per Telefon oder Computer mit Modemverbindung zu Rechnern des CSP möglich. CSP sind keine Banken, sondern Unternehmen, die den Transfer vom Kundenkonto zum Biller-Konto im Auftrag eines Kunden übernehmen, der für den Service zahlt. Der CSP hat die allgemeine Ermächtigung des Kunden, Beträge von seinem Konto abzubuchen. Der Kunde muß also in diesem Punkt nicht zahlreichen Billern, sondern nur dem CSP vertrauen, den er speziell für diese Dienste bezahlt.

Der Biller erhält einen einzelnen Verrechnungscheck des CSP, auf dem dann die Zahlungen aller Kunden für diesen Biller im aktuellen Zeitraum zusammengefaßt sind. Zusätzlich erhält der Biller eine Liste der Kunden, aus deren Zahlungen sich der Scheckbetrag zusammensetzt. Dieses Verfahren wird in den USA als „Check-and-List" bezeichnet und ist für den Biller mit großem Erfassungsaufwand verbunden [ORR][CRA97, Seite 5]. An einem verbesserten Transfer von Zahlungen und Kundendaten über EFT-Systeme (z.b. US Federal Reserve Automated Clearing House (ACH) System, MasterCard Remittance Processing System (RPS)) können nur Biller teilnehmen, die zuvor mit dem CSP einen Rahmenvertrag abgeschlossen haben [ORR98][LYN97, Seite 41].

Bekanntester CSP mit einem US-Marktanteil von 70% ist die Firma CheckFree[16] [CRA97, Seite 5]. Checkfree vertreibt unter dem Firmennamen ein Programm, das in die amerikanischen Versionen der PFM-Software Quicken (Intuit) und Managing Your Money (Meca) integriert ist [LYN98, Seite 41].

5.3 Bewertung der vorgestellten Verfahren

Die Bewertung der in diesem Kapitel vorgestellten Ansätze erfolgt nicht nach dem in Kapitel 3 entwickelten Anforderungskatalog, da es sich bei allen vorgestellten Ansätzen nicht um komplette Billing-Verfahren handelt, sondern nur Teilaspekte des Rechnungsprozesses betrachtet werden.

Verfahren zum Electronic Bill Presentment haben allgemein folgende wesentliche Vorteile:

1. Rechnungen werden nicht ausgedruckt, sondern in digitaler Form versandt. Dadurch wird ein Medienbruch vermieden. Die Rechnung kann beim Kunden direkt weiterverarbeitet werden. Die Fehlerhäufigkeit verringert sich.

2. Die Verbreitung elektronischer Rechnungen ist erheblich schneller als der Papierweg. Dieser Geschwindigkeitszuwachs bedeutet für den Biller einen zusätzlichen Liquiditätsvorteil.

EDIFACT ist aufgrund seiner Komplexität jedoch kein geeigneter Ansatz für das Elec-

---

[16] CheckFree verlangt vom Kunden eine Monatspauschale von 7.95$ (Stand 1998).

tronic Bill Presentment. Die hohen Anschaffungskosten lohnen sich weder für kleine Unternehmen noch für Privathaushalte. Dies macht EDIFACT auch wenig geeignet, wenn kostengünstigere Netzwerken wie das Internet benutzt werden. ELFE ist ein Ansatz, der auf eine Rechnungsart spezialisiert und nicht ausreichend standardisiert ist, wie die Verwendung inkompatibler Versionen bei verschiedenen Telekommunikationsanbietern zeigt.

ATM, Homebanking, PFM-Software, CSP und DTA sind Ansätze, die den Zahlungsverkehr zwischen Kunde und Biller vereinfachen und beschleunigen. Dabei sind die vier erstgenannten Ansätze lediglich für den Einsatz in Privathaushalten und kleineren Unternehmen geeignet. Das DTA-Format für den professionellen Einsatz weist erhebliche Schwächen auf.

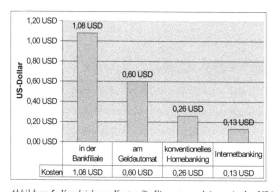

Abbildung 5: Vergleich von Kosten für Finanztransaktionen in den USA [JIT98d]

Ziel der EFT-Systeme ist auch die Senkung der Transaktionskosten. Die Firma Just In Time Solutions [JIT98d] nennt unter Berufung auf eine Untersuchung von Booz, Allen & Hamilton aus dem Jahre 1997 folgende Transaktionskosten: 1.08$ für eine Transaktion über eine Bankfiliale, 0.60$ bei Benutzung eines Geldautomaten, 0.26$ beim konventionellen Homebanking und nur 0.13$ bei Geldtransaktionen im Internet.

Die Quelle läßt leider offen, wie sich diese Kosten auf Biller und Kunde verteilen. Allen EFT-Systemen fehlt die Integration in ein Bill Presentment Verfahren, so daß es weiterhin zum Medienbruch zwischen der Rechnung und dem Zahlungsvorgang kommt.

6 Internet Bill Presentment

Nachdem im vorangegangenen Kapitel zahlreiche Defizite und Probleme der bestehenden Billing-Verfahren aufgezeigt wurden, soll nun das Internet im Hinblick auf seine Eignung als Transportmedium für Rechnungen untersucht werden. Dabei ist zu berücksichtigen, daß das Internet eine Vielzahl unterschiedlicher Dienste und Formate vereinigt, deren Nutzbarkeit einzeln zu prüfen ist. Während dieses Kapitel sich mit der Darstellung der Rechnung (Internet Bill Presentment) beschäftigt, ist Internet Bill Payment (einschließlich Bill Posting) Thema des 7. Kapitels.

6.1 Nutzbare Internet-Dienste und -Protokolle

Im Internet stehen verschiedene Dienste zur Verfügung, die auf unterschiedlichen Protokollen aufbauen. Die Internetdienste lassen sich in Push- und Pull-Dienste klassifizieren.

PULL-DIENSTE

Pull-Dienste setzen die explizite Anforderung einer Ressource durch den Benutzer voraus. Der Benutzer erhält eine Ressource niemals unaufgefordert. Je nach Blickwinkel kann man es als Vor- oder Nachteil werten, daß der Benutzer selbst die Hoheit über die ihm dargebotenen Informationen hat. Denn bei Pull-Diensten entgehen ihm unter Umständen für ihn wichtige Informationen. Aus der Sicht des IBPP haben Pull-Dienste den grundsätzlichen Nachteil, daß der Kunde wissen muß, wann und wo er eine Rechnung abholen kann. Dies kann folglich nur funktionieren, wenn der Kunde regelmäßig von den gleichen Billern an einem bekannten Ort Rechnungen bekommt.

PUSH-DIENSTE

Push-Dienste erreichen den Benutzer ohne explizite Anforderung, sofern er seine generelle Bereitschaft zur Teilnahme an dem Dienst erklärt hat und die notwendigen technischen Voraussetzungen dauerhaft bestehen. Dem Benutzer droht nicht, wichtige Informationen zu verpassen, sondern Informationen zu erhalten, die er gar nicht haben wollte (z.B. Werbung). Push-Dienste werden im Rahmen des IBPP benötigt, um einem Kunden Rechnungen zuzusenden, deren Zustellungsdatum und Zustellungsort er nicht kennt.

Nachfolgend werden die einzelnen Internetdienste auf ihre Verwendbarkeit für die Rechnungszustellung hin überprüft.

6.1.1 World Wide Web (WWW)

Der beliebteste Dienst im Internet, das World Wide Web (WWW), wird über das Hypertext Transfer Protocol (HTTP) abgewickelt. Das WWW ist ein Pull-Dienst, weil der Benutzer durch Eingabe einer URL oder durch Verfolgen eines Links selbst aktiv werden muß, um eine Ressource anzufordern.

Internet Bill Presentment über das WWW (Web-Billing) bedeutet, daß der Biller eine Web-Site bereitstellt, auf der der Kunde seine Rechnungen einsehen kann. Eine Rechnung, die im WWW bereitgestellt wird, kann „Web-Bill" genannt werden.

Folgende Eigenschaften des WWW sind positiv für das Internet Bill Presentment:

1. Dokumente im WWW werden üblicherweise in HTML dargestellt, doch bietet heutige Webbrowser die Funktion, unterschiedlichste Arten von Dokumentenformaten anzuzeigen oder an eine andere Anwendung (Helper-Application) zu übergeben. Eine solche Helper-Application wäre beim IBPP beispielsweise die Finanzbuchhaltung.

2. Die multimedialen Fähigkeiten des WWW (Graphiken, Sprache, Musik, Animationen, Video, etc.) ermöglichen die Gestaltung einer ansprechenden Schnittstelle zur Rechnung. Sie eignen sich gut für den Benutzersupport und die Übermittlung von Marketingbotschaften.

3. Das WWW bietet gute Interaktionsmöglichkeiten mit einem direkten Rückkanal. Durch Aktionen des Benutzers (Eingaben, Mausklick) werden entweder Aktionen direkt auf dem Client ausgeführt oder aber Daten an den Server gesendet, die in der Übermittlung einer neuen Antwortseite resultieren. Durch die Verwendung von HTML-Formularen sind die Eingaben strukturiert. Verschiedene Programmiertechniken stehen sowohl auf dem Server (z.B. CGI, ASP, Java-Servlets) als auch auf dem Client (z.B. Skriptsprachen, Java-Applets, ActiveX) zur Verfügung. Abgesehen

von Problemen im Bereich der Leitungskapazitäten ist die Interaktion schnell. So können Funktionen implementiert werden, die dem Kunden ermöglichen, dynamisch auf Basis eingegebener Parameter individuelle Rechnungsansichten und - auswertungen zu generieren.

Allerdings hat das WWW für das Internet Bill Presentment folgende Nachteile:

1. Als Pull-Dienst kann ein Web-Billing-System den Kunden nicht über den Eingang einer Rechnung informieren. Der Kunde muß also selbst aktiv werden und die Web-Billing-Site des Billers regelmäßig abfragen.

2. Wenn der Kunde Rechnungen von verschiedenen Billern empfängt, muß er verschiedene Sites regelmäßig aufsuchen.

3. Die Rechnungen werden nicht automatisch bei Kunden permanent gespeichert. Der Kunde muß die angezeigten Webseiten explizit archivieren. Oft erfordern die Browser getrennte Speichervorgänge für jeden einzelnen Seitenbestandteil.

6.1.2 Electronic Mail (SMTP)

Der elektronische Nachrichtenaustausch erfolgt im Internet über die Protokolle Simple Mail Transfer Protocol (SMTP), Post Office Protocol Version 3 (POP3) sowie als neuere Entwicklung Internet Mail Access Protocol Version 4 (IMAP4). Während SMTP der Standard für die Beförderung innerhalb des Netzes ist, erfolgt der Abruf der E-Mails von einem SMTP-Server über POP3 oder IMAP4. Der Datentransfer geht vom Absender aus und der Empfänger kann nicht angeforderte und nicht erwünschte Nachrichten erhalten. Der E-Mail-Dienst gehört daher zu den Push-Diensten.

Internet Bill Presentment für den E-Mail-Dienst (E-Mail-Billing) bedeutet, daß der Biller die Rechnung in Form einer E-Mail an den Kunden sendet. Eine über E-Mail-Billing empfangene Rechnung kann „E-Bill" genannt werden.

Folgende Eigenschaften des E-Mail-Dienstes sind als positiv für das Internet Bill Presentment zu bewerten:

1. Der E-Mail-Dienst hat von allen Internet-Diensten die größte Ähnlichkeit mit der traditionellen Briefpost. Viele Softwareprodukte enthalten heute schon die Möglich-

keit, Ausgaben per E-Mail zu versenden statt auf Papier auszudrucken[17]. Eine Rechnungszustellung per E-Mail ist aufgrund der breiten Verfügbarkeit von Software zum Versenden von E-Mails im Vergleich zu anderen noch zu besprechenden Möglichkeiten relativ einfach zu implementieren.

2. Da E-Mail ein Push-Dienst ist, muß der Kunde – mit Ausnahme des regelmäßigen Lehrens des E-Mail-Posteingangs – keine weiteren Aktionen unternehmen.

3. Das E-Mail-Postfach des Kunden ist ein zentraler Empfangsort für die Rechnungen. Eine beliebige Anzahl von Billern kann ihre Rechnungen dorthin zustellen. Die Rechnungen werden durch das Herunterladen vom Server auf dem Client permanent gespeichert. Viele Mail-Server erlauben zusätzlich die permanente Speicherung auf dem Server.

Damit überwindet das E-Mail-Billing Nachteile des Web-Billing, weist jedoch Defizite in anderen Bereichen auf:

1. Bei den Formaten zur Gestaltung von E-Mail-Nachrichten ist man auf reinen ASCII-Text beschränkt, wenn man sicherstellen will, daß die Nachricht von allen E-Mail-Clients gelesen werden kann. Neuere Mail-Clients (z.B. Netscape Messenger, Microsoft Outlook Express) erlauben Rich-Text-Nachrichten, bei denen die Seitenbeschreibungssprache HTML sowie die vom WWW bekannten Graphikformate GIF und JPEG zur Gestaltung der Nachrichten verwendet werden können. Auch andere Dateiformate können innerhalb eines Nachrichtenfensters dargestellt oder bearbeitet werden. Voraussetzung für eine reibungslose Kommunikation ist jedoch, daß sowohl der E-Mail-Client des Senders als auch der des Empfängers über entsprechende Funktionen verfügen.

2. Die Weiterverarbeitbarkeit von E-Bills ist durch die Beschränkung auf das ASCII-Textformat erschwert, welches keine Strukturierungsinformationen enthält. Strukturierte Nachrichten zeichnen sich dadurch aus, daß Felder in der elektronischen Nachricht definiert sind, für die eine eindeutige Bedeutung vereinbart wurde [STE94, Seite 16]. Während die maschinelle Erstellung korrekt strukturierter Nachrichten eine relativ einfache Aufgabe darstellt, ist die Korrektheit bei Erstellung

---

[17] Beispielsweise erlaubt die Serienbrieffunktion von Microsoft Office 97 im letzten Schritt, zwischen dem Papierausdruck, dem Telefaxversand und der Zustellung per E-Mail zu wählen.

durch Menschen nicht zu gewährleisten. Proprietäre E-Mail-Systeme wie Lotus Notes und Microsoft Exchange erlauben bereits, strukturierte Nachrichten auszutauschen. Dabei werden die Felder in Formularmasken dargestellt.

3. Die Beschränkung auf ASCII-Text verringert auch die Einsatzmöglichkeiten von multimedialen Elementen. Zwar können beliebige andere Datenformate als Attachments an die Nachricht angehängt werden, jedoch vermögen heutige E-Mail-Clients nicht, Verknüpfungen zwischen verschiedenen Attachments herzustellen. Werden miteinander verknüpfte HTML-Seiten als Attachment übermittelt, müssen diese aus dem E-Mail-Programm auf einen Datenträger extrahiert werden. Eine Lösung zeichnet mit einem Ansatz der Internet Engineering Task Force (IETF) ab [PAL98]. Die MIME Encapsulation of Aggregate HTML Documents (MHTML), ermöglicht es, eine Webseite oder sogar eine komplette Site an eine E-Mail-Nachricht anzuhängen - einschließlich aller Graphiken, Animationen, Framesets und anderer Inhalte. Der Empfänger hat im E-Mail-Client eine voll funktionierende Web-Site vor sich, selbst wenn er keinen WWW-Zugang hat. Für das Internet Bill Presentment stellt MHTML eine interessante Möglichkeit dar, auch komplexe Rechnungen an den Kunden zu versenden.

4. Im E-Mail-Postfach besteht die Gefahr der Informationsüberflutung. Durch unerwünschte Werbung („Spamming") und die Teilnahme an hochfrequentierten Mailinglisten werden viele E-Mail-Postfächer sehr unübersichtlich, so daß Rechnungen übersehen werden können. Nicht alle E-Mail-Client verfügen über eine zuverlässige Vorsortierfunktion. In Deutschland sind zwar unverlangt erhaltene Werbe-E-Mails ebenso wie unverlangt erhaltene Werbebotschaften per Telefax und Telefon („cold calling") gemäß §1 UWG verboten [WER97, Seite 139][STR97, Seite 105ff.], dennoch werden solche Werbe-E-Mails immer häufiger versandt. Es ist sicherzustellen, daß der Kunde Rechnungen, die gleichzeitig Werbeträger sind, von reinen Werbenachrichten unterscheiden kann.

5. Der E-Mail-Dienst bietet nicht die gleiche Interaktivität wie das WWW. Beim Rechnungsversand per E-Mail - genau wie beim traditionellen Versand per Briefpost - gibt es keinen direkten interaktiven Kontakt zwischen Biller und Kunden. Die Interaktion über das Senden von E-Mail und Antworten darauf ist umständlich, erfordert eine starke Strukturierung der Nachrichten und ist vergleichsweise langsam. Dieser Mangel wirkt sich sehr negativ aus, wenn E-Mail dazu genutzt werden soll,

auf Rechnungen zu antworten.

6. Die Zuverlässigkeit der E-Mail-Übermittlung ist nicht sichergestellt, da E-Mail-Nachrichten aufgrund von Server- und Netzproblemen verloren gehen können, ohne das der Absender darüber informiert wird. Diese Aussage beruht auf eigenen Erfahrungen des Autors, ohne eine Aussage über den Anteil der nicht zugestellten Nachrichten treffen zu können.

6.1.3 Channels / Netcasts

Eine 1997 mit den 4er-Versionen der marktführenden Browser von Microsoft und Netscape eingeführte Neuerung sind Channels (Microsoft-Terminologie) bzw. Netcasts (Netscape-Terminologie). Dabei wird der WWW-Dienst in Abänderung des ursprünglichen Modells ein Push-Dienst, den der Benutzer abonniert. Ohne weiteres Zutun erhält er unter der Voraussetzung einer vorhandenen Netzwerkverbindung in definierten Abständen eine automatische Aktualisierung der Informationen in einem von ihm zu bestimmenden Teil seines Arbeitsbildschirmes. Da es sich bei Rechnungen nicht um Informationen handelt, die zwischen einer großen Menschenmenge geteilt werden sollen, müßte für jeden Kunden ein individueller Channel eingerichtet werden. Dann wäre die Channel-Technologie ein guter Kompromiß zwischen E-Mail und WWW, weil wesentliche Vorteile beider Dienste verbunden werden könnten.

6.1.4 Dateiübertragung (FTP)

Mit dem Pull-Dienst File Transfer Protocol (FTP) können Dateien in jedem beliebigen Format zwischen Rechnern im Internet übertragen werden. FTP eignet sich daher für die Übertragung von Rechnungsdaten, die nicht im Browser dargestellt werden können oder sollen. Die marktführenden Webbrowser von Microsoft und Netscape beinhalten auch FTP-Funktionen, so daß ein Download von Dateien über eine Hyperlink-Verknüpfung aus einem Webdokument möglich ist. So könnte der Download von Rechnungsdaten elegant in das Web-Billing integriert werden.

6.1.5 Newsgroups (NNTP)

Die auf dem Protokoll NNTP basierenden Diskussionsgruppen im Internet eignen sich nicht für die Übermittlung von Rechnungen, da die Diskussionsgruppen öffentliche Foren sind, die von jedermann eingesehen werden können. Sie können jedoch für den Kundensupport im Rahmen eines IBPP-Systems eingesetzt werden.

6.1.6 Gopher

Die textbasierte Variante des World Wide Web hat heute nur noch wenig Bedeutung, da das WWW alle Möglichkeiten des Gopher-Dienstes umfaßt.

6.1.7 Eigener Dienst auf Basis von TCP/IP

Möglich ist auch, auf der Basis des Internet-Protokollstacks TCP/IP einen neuen Dienst mit Hilfe eines eigenen Anwendungsprotokolls oberhalb der Transportschicht zu implementieren. Ein solcher Dienst könnte beispielsweise Push- und Pullmechanismen vereinen und eine besondere strukturierte Form der Darstellung ermöglichen. Nachteilig ist jedoch die Notwendigkeit eines dezidierten Clients für diesen Dienst, der allen Nutzern zur Verfügung stehen muß. Für die Akzeptanz des Internet Bill Presentment ist es zunächst besser, die beim Internetbenutzer vorhandenen Clients (Browser, Mail- und Newsreader) nutzen zu können. Denkbar ist aber, das PFM-Programme, die IBPP unterstützen, direkt auf TCP/IP aufsetzen, ohne eines der bestehenden Internet-Anwendungsprotokolle zu nutzen. Microsoft und Intuit haben angekündigt, daß zukünftige Versionen ihrer PFM-Programme auch IBPP unterstützen werden [MSC98][ITU98]. Der Einsatz von PFM-Software bietet aus der Sicht des Kunden den Vorteil einer einheitlichen Schnittstelle für das Internet Bill Payment, die nicht gegeben ist, wenn er verschiedene Biller-Sites besucht. Da diese Produkte aber noch nicht auf dem Markt verfügbar sind, scheidet IBPP mit PFM-Programmen zunächst aus dem Lösungsansatz aus.

6.2 Nutzbare Datenformate

6.2.1 Hypertext Markup Language (HTML)

Die Hypertext Markup Language (HTML) hat sich als Seitenbeschreibungssprache zur Erstellung von Webdokumenten durchgesetzt. HTML ist eine Untermenge der Standard Generalized Markup Language (SGML)[18]. HTML enthält jedoch nicht nur Strukturie-

---

[18] Standardisiert in ISO 8879

rungsinformationen, sondern wurde zunehmend um Tags ergänzt, die die Wiedergabe-
form des Dokumentes festlegen. Inzwischen existiert mit den Cascading Style Sheets
(CSS) ein Ansatz, Formatierung und Strukturierung zu trennen.

Mit HTML ist eine grundlegende Strukturierung in verschiedene Textbereiche (z.B.
<TITLE>, <HEAD>, <BODY>, <P>) sowie in Tabellen (<TABLE>, <TR>, <TD>)
möglich. Diese Strukturierung ist jedoch sehr allgemein gehalten und bietet keinerlei
semantische Informationen über den Inhalt des Dokumentes. Dementsprechend unzureichend ist heute die maschinelle Auswertung von HTML-Dokumenten, beispielsweise
die Erfassung des Inhaltes durch Robots von Suchmaschinen.

HTML bietet hinreichende Möglichkeiten, eine Rechnung innerhalb eines Browsers
darzustellen. Sowohl für die Anordnung der einzelnen Informationen (z.B. Rechnungspositionen in einer Tabelle) als auch für die Verknüpfung der Informationen (z.B. Rechnungspositionen mit den zugehörigen Detaildaten) ist HTML ausreichend. Allerdings
genügt HTML nicht dem Anspruch der maschinellen Weiterverarbeitbarkeit der Rechnung (z.B. in einem Buchhaltungsprogramm).

Die Verknüpfung von Dokumenten und Dokumententeilen durch Hyperlinks ermöglicht
eine übersichtliche Darstellung und einfache Bedienung. Einzelne Teile der Rechnung
können miteinander verbunden werden. Dies bietet sich insbesondere an für die Verknüpfung der Rechnungsdaten mit den Leistungsdaten und die Hinterlegung von Erläuterungen zu den einzelnen Leistungen.

Die Informationsverknüpfung durch Hyperlinks hat jedoch den Nachteil, daß das Ge-
samtobjekt (in diesem Fall die Rechnung) nicht in einem Schritt transferiert werden
kann (z.B. Ausdruck). Mangels struktureller Informationen kann ein Programm nicht
automatisch entscheiden, ob ein Link zu einem Bestandteil des Dokumentes führt oder
zu einem anderen verwandten Dokument, das nicht zum Transferbereich gehört.

6.2.2   Portable Document Format (PDF)

PDF gehört zu den Portable Electronic Document (PED) Technologien - plattformunab-
hängige Formaten, die das ursprüngliche Erscheinungsbild eines Dokumentes bewahren.

Dabei ist die Darstellung unabhängig von den Schriftarten oder Anwendungen, die auf dem Computer vorhanden sind, mit dem das Dokument betrachtet wird.

Ein im Internet genutztes PED-Format ist das Acrobat Portable Document Format (PDF) der Firma Adobe[19]. Adobe Acrobat erlaubt die Weitergabe von Dokumenten in ihrem ursprünglichen Erscheinungsbild über die Grenzen von Computer, Betriebssystem, Anwendungen und installierten Schriftarten hinweg. Acrobat gestattet – wie HTML - graphische und textliche Links. Inzwischen bieten zahlreiche Text-, Graphik- und DTP-Programme die Möglichkeit, PDF-Dokumente zu erstellen. Der zugehörige Viewer, Acrobat Reader, ist für DOS, Windows, Macintosh und Unix verfügbar und kann frei weitergegeben werden.

Mit PDF können Papierrechnungen völlig identisch zur Papierversion im Web dargestellt werden. Mit Hilfe von Konvertern können PDF-Dateien aus den Druckausgaben bestehender Billing-Systeme erzeugt werden (siehe Kapitel 8.2).

PDF hat jedoch den Nachteil, daß ein PDF-Viewer nicht bei allen Browsern mitgeliefert wird und ggf. nachinstalliert werden muß. Außerdem paßt sich eine PDF-Seite nicht wie HTML der Größe des Browser-Fensters an.

6.2.3 ASCII-Textdokumente / CSV

Auch reine ASCII-Dokumente können im Rahmen des IBPP Verwendung finden, da sehr viele Programme unterschiedlichster Art in der Lage sind, solche Dateien einzulesen. ASCII -Text bietet sich insbesondere als Übermittler von Rohdaten der Rechnung (Download von Website oder E-Mail-Attachment) an, da damit eine Weiterverarbeitbarkeit auf unterschiedlichsten Plattformen und verschiedensten Systemen möglich ist. ASCII ist ein universelles und effizientes Übertragungsformat, enthält jedoch von sich aus keinerlei Strukturierungsinformationen. Hilfsweise wird das Komma benutzt, um Datenreihen voneinander zu trennen. Der Fachbegriff dafür ist Comma Separated Value (CSV). Die Weiterverarbeitung erfordert jedoch stets eine Umsetzung in ein anderes Format, zum Beispiel ein Datenbankformat. Für E-Mails ist ASCII derzeit das einzige

---

[19] http://www.adobe.com

Nachrichtenformat, das alle E-Mail-Clients wiedergeben können.

6.2.4 Graphikformate

GIF (Graphics Interchange Format) und JPEG (Joint Photographic Experts Group) sind die beiden Standard-Graphikformate, die von allen graphikfähigen Webbrowsern dargestellt werden können. Einige neuere E-Mail-Clients können so formatierte Attachments innerhalb des Nachrichtenfensters darstellen.

GIF und JPEG dienen im Rahmen des IBPP der graphischen Aufbereitung von Rechnungsdaten (z.b. Höhe der zurückliegenden Rechnungen im Zeitablauf, Auswertung der Leistungsdaten nach verschiedenen Dimensionen).

6.2.5 Proprietäre Formate

Anwendungsprogramme verwenden üblicherweise proprietäre Formate mit jeweils eigenen Stärken und Schwächen. Dabei sind einige Anwendungen durchaus soweit verbreitet, daß es Sinn machen kann, den Kunden Rechnungsdaten in diesen Formaten anzubieten, beispielsweise Microsoft Access, Microsoft Excel oder DBase. Für viele proprietäre Formate sind kostenlose Viewer erhältlich, so daß der Empfänger die Vorteile eines Formates nutzen kann, ohne über eine Lizenz der zugehörigen Applikation zu verfügen.

6.2.6 Extensible Markup Language (XML)

Die bisherigen Ausführungen ergeben den Bedarf nach einem Format, das

- Rechnungs- und Zahlungstransaktionen geeignet strukturieren kann
- standardisiert ist und von allen relevanten Anwendungsprogrammen verarbeitet werden kann.

Die Extensible Markup Language (XML) ist ebenfalls eine Untermenge von SGML, jedoch weitaus mächtiger als HTML. „Die Extensible Markup Language, abgekürzt XML, beschreibt eine Klasse von Datenobjekten, genannt XML-Dokumente und beschreibt teilweise das Verhalten von Computerprogrammen, die solche Dokumente verarbeiten." [W3C98]

XML wurde entworfen, um einerseits eine einfache Implementierung und andererseits eine Zusammenarbeit sowohl mit SGML als auch mit HTML zu gewährleisten. In XML ist es möglich, eigene Document Type Descriptions (DTD) zu verfassen, die eine Struktur mit zugehörigen Bedingungen und Einschränkungen definieren. Alle Dokumente basieren auf einer DTD und müssen die entsprechende Strukturierung aufweisen, die weitaus strenger geprüft wird als in HTML. XML ist erweiterbar, weil der Benutzer eigene Tags mit Attributwerten definieren kann.

Damit ist es in XML möglich, eine Rechnung bei weitem besser zu strukturieren als in HTML. Eine DTD „Bill" für Rechnungen würde beispielsweise Tags wie <SENDER>,<EMPFÄNGER>,<RECHNUNGSBETRAG> und <FÄLLIGKEIT> festlegen, so daß eine maschinelle Auswertung der Rechnungsbestandteile möglich ist. Ein XML-fähiger Client (Browser, PFM-Programm, etc.) könnte eine Rechnung dann anhand der selbstdefinierten Beschreibung „Bill" auf ihre strukturelle Korrektheit überprüfen. Das im folgenden Unterkapitel vorgestellte Format OFX entspricht diesem Ansatz, ohne jedoch vollständig zu XML kompatibel zu sein.

6.2.7 Open Financial Exchange (OFX)

Open Financial Exchange (OFX)[20] ist ein Datenformat zum Austausch von Finanzdaten über das Internet zwischen Unternehmen, Kunden und Finanzinstitutionen. OFX bildet finanzielle Aktivitäten und Transaktionen unabhängig von verwendeten Servern und Clientsystemen ab. Die OFX-Spezifikation [OFX98b] ist ein offener Standard und kann von jedermann ohne Lizenzgebühren in eigene Systeme implementiert werden. OFX basiert auf der Standard Generalized Markup Language (SGML) und ist wie HTML ein durch Tags strukturiertes reines Textdokument. Somit ist es möglich, OFX-Nachrichten mit einem einfachen Texteditor zu erstellen. Die Komplexität der meisten Nachrichtentypen und die Notwendigkeit zur Korrektheit werden jedoch den Einsatz von Brow-

---

[20] Entwickelt wurde OFX von den Firmen CheckFree, Intuit und Microsoft und im Januar 1997 veröffentlicht. OFX ist eine Vereinigung des Open Financial Connectivity (OFC) Formats von Microsoft, das bereits 1995 veröffentlicht wurde und seit der Version 97 in Microsoft Money integriert ist, und des Open Exchange Formats von Intuit [MSC97]. Im Juli 1997 wurde durch die Firma Just In Time Solutions der Standard um eine Spezifikation eines Message Set für das Bill Presentment erweitert [JIT98b]. Die aktuelle Version ist die Version 1.5 vom 27. März 1998.

sererweiterungen oder speziellen Clients bedingen.

OFX ist nicht vollständig kompatibel zur Extensible Markup Language (XML), weil die Entwicklungen der beiden SGML-Ableger sich überschnitten haben. OFX-Dokumente (MIME type application/x-ofx) werden nach dem Request/Response-Modell über Standard-HTTP-Methoden übertragen. Zur Sicherung des Datenaustausches können alle im Internet gebräuchlichen Verfahren (SSL, S-HTTP) verwendet werden.

6.2.8 GOLD Message Standard

Der GOLD Message Standard des Integrion Financial Network[21] ist das Konkurrenzprodukt zu OFX. GOLD liegt wie OFX ein Request/Response-Modell zu Grunde, wobei eine GOLD-Transaktion aus mehreren GOLD-Messages bestehen kann [INT98c]. Allerdings ist GOLD – im Gegensatz zu OFX – nicht SGML-basiert, sondern API-basiert. Das Message Translation Interface (GOLD MTI) dient dazu, Nachrichten zu erzeugen, zu übertragen und auszulesen. GOLD zielt auf den Datenaustausch mit Endbenutzern. Von Integrion [INT98a] hervorgehoben werden Offenheit, Plattformunabhängigkeit und Sicherheit der Übertragung. Während Electronic Bill Payment bereits standardisiert ist, ist die Unterstützung von Bill Presentment bislang lediglich angekündigt. Als erstes PFM-Programm unterstützt Home-ATM der Firma Home Financial Network (HFN) den GOLD-Standard in Konkurrenz zu Microsoft Money und Intuit Quicken, die OFX unterstützen [INT98a].

Laut Informationen auf der OFX-Website [OFX98c] verhandeln unter Schirmherrschaft des Banking Industry Technology Secretariat (BITS), einer Abteilung der Bankenvereinigung „The Bankers Roundtable", CheckFree, Intuit und Microsoft auf der einen sowie IBM und Integrion auf der anderen Seite über eine Vereinigung der Standards. Diese soll Ende 1998 veröffentlicht werden. Die Entwicklung und Verbreitung des IBPP wird dadurch zunächst einmal etwas gebremst. Langfristig sind jedoch Kostenvorteile zu erwarten, weil nicht verschiedene Standards implementiert werden müssen. Mit diesem

---

[21] Integrion Financial Network ist der im September 1996 gegründete Zusammenschluß von achtzehn nordamerikanischen Banken mit den Firmen VISA und IBM mit dem Ziel, bankzentrierte elektronische Finanzdienstleistungen zu standardisieren und anzubieten (http://www.integrion.net).

Thema beschäftigt sich eine inoffizielle Website[22].

6.3 Endgeräte und Clients für das IBPP

In Abhängigkeit von Format und verwendetem Protokoll kommen unterschiedliche Endgeräte und Clients für die Nutzung von IBPP in Frage.

Zentrales Endgerät wird der PC sein, weil er das am weitesten verbreitete Internet-Endgerät ist. Für das Web-Billing auf Basis von HTTP und HTML wird ein Webbrowser benötigt; zur Nutzung von E-Mail-Billing ein Mailclient. Als Client können auch PFM-Programme und spezielle vom Biller zur Verfügung gestellte Anwendungen genutzt werden. Möglich ist auch eine Kombination aus verschiedenen Clients (z.B. Browser und PFM-Programm als Helper Application)[23].

Als Endgeräte kommen jedoch nicht nur PCs, sondern auch andere internetfähige Endgeräte wie Web-Telefone und Web-TV-Geräte in Frage. Als alternative Idee zur Nutzung von IBPP wird von O'Sullivan [OSU98, Seite 55] auch die Integration von IBPP in die Funktionalität von Geldautomaten in Betracht gezogen. Damit wären elektronische Rechnungen auch für Kunden zugänglich, die über keinen häuslichen Internetzugang verfügen.

Die amerikanische Firma ATM Cardpay Corp. hat bereits Konzepte für eine Integration von E-Mail in das amerikanische ATM-Network entwickelt [OSU98, Seite 55]. Kunden sollen nicht nur Rechnungen zahlen können, die per E-Mail in das ATM-Network eingespeist wurden, sondern auch ihre persönlichen E-Mails abrufen und schreiben können.

6.4 Kundeninteresse an IBPP in den USA

Das amerikanische Unternehmen Home Financial Network[24] hat in zwei Studien

---

[22] http://www.onestandard.com.
[23] So unterstützt das Active Statement Konzept von Microsoft, das in kommende Versionen von MS Money integriert werden soll, Internetbanking- und IBPP-Anwendungen im WWW [MSC98]: Der Kunde kann beim Surfen durch die Angebote seiner Bank durch das Anklicken eines mit einem Active Statement hinterlegten Link den Download von Zahlungsdaten in MS Money initiieren. MS Money wird mit bestimmten Dateiextensionen verknüpft und startet automatisch, wenn ein Active Statement angewählt wird.
[24] http://www.homenetwork.com/

[DIT98] im Februar 1997 und Februar 1998 die Haltung amerikanischer Kunden zum IBPP untersucht. Befragt wurden 300 Haushalte, die über einen Computer mit Microsoft Windows und Modem verfügen und diesen nicht nur für Computerspiele nutzen. Die Untersuchungen ergaben folgende interessante Ergebnisse[25]:

- Jeder Haushalt zahlt im Monat durchschnittlich 12,4 (12,4) Rechnungen.
- 91% (92%) der Haushalte zahlen Rechnungen per postversendeten Verrechnungsschecks.
- 20% (9%) zahlen Rechnungen per Abbuchung oder Telefonbanking.
- 10% (9%) zahlen Rechnungen per Homebanking.

Befragt nach ihrer Haltung zum Internet Bill Presentment

- würden 70% (74%) gerne ihre Rechnungen elektronisch erhalten und bezahlen.
- wünschen 62% (62%), weiterhin zusätzlich eine Rechnung auf Papier per Post zugeschickt zu bekommen.
- bevorzugen 74% (75%) die Zustellung von Rechnungen per E-Mail gegenüber dem Ansteuern verschiedener Biller-Websites.
- sind für das IBPP besonders interessant die Rechnungen der öffentlichen Versorgungsbetriebe mit 57% (55%) Nennung, Telekommunikationsunternehmen mit 49% (53%), Kreditkartenunternehmen mit 45% (46%), Vermieter mit 44% (49%) und Versicherungen mit 42% (51%).

Diese Ergebnisse sind allerdings aufgrund der geschilderten Unterschiede bei Rechnungshäufigkeiten und gebräuchlichen Zahlungssystemen nicht direkt auf deutsche Verhältnisse übertragbar.

6.5 Zusammenfassung

E-Mail und das WWW haben sich als geeignet für das Internet Bill Presentment erwiesen. Die Ausführungen haben jedoch gezeigt, daß keiner der beiden Internet-Dienste in der Lage ist, die Anforderungen an den Rechnungsversand allein zu erfüllen. Sinnvoll ist daher eine Kombination aus E-Mail- und Web-Billing. Fünf Szenarien sollen hier

---

[25] Genannt sind zuerst die Ergebnisse aus dem Jahre 1998. Die 97er-Zahlen stehen in Klammern.

kurz skizziert werden:

1. **Rechnung per E-Mail, Details im Web:**

   Der Kunde erhält die wesentlichen Bestandteile der Rechnung per E-Mail (Absender, Rechnungsgrund, Betrag, Fälligkeit). Detailinformationen sind jedoch im WWW hinterlegt. Die zugehörigen URLs sind in der E-Mail enthalten.

2. **E-Mail als Hinweis auf eingegangene Web-Bill:**

   Der Kunde erhält eine E-Mail, sobald im WWW eine neue Rechnung für ihn vorliegt. Die E-Mail enthält die URL, unter der die Rechnung abgerufen werden kann. Überlegenswert wäre auch, andere Medien wie Pager, Telefax und das Telefon (Interactive Voice Response System) zur Benachrichtigung des Kunden über eingegangene Rechnungen zu nutzen.

3. **Rechnung per E-Mail, Rohdaten per FTP:**

   Der Kunde erhält die Rechnung per E-Mail, umfangreiche Daten im Zusammenhang mit der Rechnung (z.B. Einzelverbindungsnachweise bei der Telefonrechnung) werden jedoch nicht automatisch mitgesandt, sondern zum Download per FTP angeboten.

4. **E-Mail als Erinnerung/Mahnung:**

   Der Kunde wird nur dann per E-Mail über die Rechnung informiert, wenn diese überfällig ist.

5. **E-Mail als asynchrones Transportmedium:**

   Kundenschnittstelle ist das WWW, jedoch kann der Kunde sich Rechnungen und Rechnungsdetails per E-Mail zusenden lassen. Der Kunde kann damit Online-Zeiten reduzieren, weil er die zugestellten Daten offline lesen kann. Er vermeidet so auch Wartezeiten, die entstehen, wenn das IBPP-System Daten zusammenstellen muß (z.B. Auswertungen).

In allen vorgestellten Szenarien wird sichergestellt, daß der Kunde nicht ständig die Webseiten seiner Biller nach neuen Rechnungen absuchen muß, sondern darüber zentral in seinem E-Mail-Postfach informiert wird.

Als Lösungsansatz wird in dieser Diplomarbeit favorisiert, es dem Kunden zu überlassen, in welcher Weise das E-Mail-Billing das Web-Billing unterstützen soll. Dabei kann der Kunde wählen, welche Informationen die E-Bill enthalten soll. Dies reicht von der E-Mail als reine Benachrichtigung (Szenario 2) bis hin zur Option, die komplette Rechnung mit Anlagen per E-Mail zu erhalten.

Bei den Formaten sind ASCII (für das E-Mail-Billing) und HTML (für das Web-Billing) die erste Wahl. HTML kann durch MHTML den Durchbruch als E-Mail-Format schaffen. OFX stellt einen vielversprechenden Ansatz für strukturierte Rechnungsdaten aufgrund seiner Ähnlichkeit zum XML-Konzept dar. Der GOLD-Standard verfügt derzeit noch nicht über ein Format für das Bill Presentment, so daß ein direkter Vergleich mit OFX-Rechnungen noch nicht möglich ist. Abzuwarten bleibt die Zusammenführung von OFX und GOLD.

Abhängig vom Bedarf der Kunden (insbesondere bedingt durch die Verfügbarkeit von OFX-kompatibler Software) einerseits, von der Speicher- und Performanceauslegung des IBPP-Systems andererseits ist festzulegen, welche proprietären Formate zusätzlich angeboten werden. Zu entscheiden ist, ob verschiedene Formate bereits für den Download vorgehalten werden oder die Generierung erst nach einer Aufforderung des Benutzers erfolgt. Im ersten Fall sind größere Festplattenkapazitäten gebunden; im zweiten Fall muß der Benutzer Wartezeiten in Kauf nehmen.

Die nachstehende Graphik veranschaulicht den gefundenen Lösungsansatz an einem Beispiel:

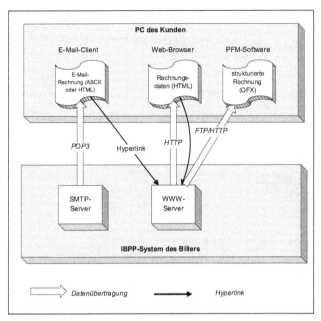

Abbildung 6: Kombination aus E-Mail-Billing und Web-Billing

Der Kunde erhält von dem IBPP-System eine E-Mail mit dem Hinweis auf eine eingegangene Rechnung. In der E-Mail ist ein Hyperlink enthalten, der den Kunden direkt zu
seiner Rechnung auf dem WWW-Server des Billers führt. Der Kunde betrachtet dort
seine Web-Bill und entschließt sich dann zum Download einer OFX-Datei (je nach vor-
handener Konfiguration über HTTP oder FTP), die er in seiner PFM-Software weiterverarbeitet.

7 Internet Bill Payment

Aufbauend auf der internetbasierten Rechnungspräsentation, die in Kapitel 6 diskutiert wurde, ist Thema dieses Kapitels die Bezahlung der über das Internet Bill Presentment an den Kunden gelieferten Rechnungen. Zunächst werden verschiedene Integrationsstufen des Internet Bill Payment in das Internet Bill Presentment entwickelt. In einer kurzen Zusammenfassung werden ausgewählte Zahlungssystemkonzepte vorgestellt, die für das Internet Bill Payment zur Verfügung stehen.

7.1 Abgrenzung des Internet Bill Payment

Internet Bill Payment wurde zu Beginn der vorliegenden Diplomarbeit als ein Verfahren definiert, bei dem der Austausch der relevanten Zahlungsdaten zwischen Biller und Kunde ausschließlich über das Medium Internet stattfindet.

Diese Definition umfaßt also keine Verfahren, die den Einsatz von Papierbelegen erfordern. Beispielsweise liegt kein Internet Bill Payment vor, wenn der Kunde dem Biller eine Einzugsermächtigung auf Papier zusendet, die der Biller dann dazu benutzt, die im Internet präsentierten Rechnungen vom Konto des Kunden einzuziehen. Das IBPP ist in diesem Fall auf das Bill Presentment reduziert worden. Internet Bill Payment liegt auch dann nicht vor, wenn der Biller das Geld vom Konto des Kunden einzieht, indem er mit einer Bank über das Internet kommuniziert.

Die obige Definition umfaßt aber neben Zahlungssystemen auf Basis elektronischer Währungen auch Verfahren, bei denen der Kunde eine Einzugsermächtigung von Kreditkarte oder Bankkonto über das Internet erteilt (vgl. Kapitel 7.3).

7.2 Integration des Bill Payment in das Bill Presentment

Ein wichtiger Erfolgsfaktor für das IBPP ist die Frage, wie die Abwicklung der Rechnungsbezahlung in das Bill Presentment integriert werden kann. Im folgenden sollen drei Stufen unterschieden werden:

1. Keine Integration

2. Serverseitiges Internet Bill Payment

3. Clientseitiges Internet Bill Payment.

7.2.1   Keine Integration des Bill Payment in das Bill Presentment

Nach dem Betrachten der Rechnung besteht keine Möglichkeit, die Rechnung direkt zu begleichen. Die Zahlungsschnittstelle ist von der Rechnungsdarstellung getrennt. Ein Beispiel dafür wäre die Zustellung von Rechnungen per E-Mail und die Begleichung per WWW-Schnittstelle. Charakteristisch für die mangelnde Integration ist ein Medienbruch zwischen Bill Presentment und Bill Payment. Möglicherweise kann sich der Kunde eines Cut&Paste-Mechanismus bedienen, um die Rechnungsdaten in die Zahlungsmaske zu übertragen. Der Kunde kann die Daten jedoch nicht automatisch in die Maske für das Bill Payment übernehmen. Zuordnungs- und Übertragungsfehler sind möglich.

7.2.2   Serverseitiges Internet Bill Payment

Serverseitiges Internet Bill Payment ist lediglich dann möglich, wenn es zum Zeitpunkt der Zahlung eine Netzverbindung zum IBPP-System gibt, weil eine unmittelbare Interaktion zwischen Client und Server benötigt wird. Dementsprechend kann man diese Integrationsstufe auch Online Bill Payment nennen. Serverseitiges Internet Bill Payment findet im Rahmen von Web-Billing statt, weil hier die Rechnungsdaten nicht permanent auf dem Client gespeichert werden. Eine in die Website integrierte Zahlungsfunktion erlaubt dem Kunden das Bezahlen direkt nach dem Betrachten der Rechnung. Alle notwendigen Angaben werden serverseitig automatisch in die Zahlungsmaske übernommen. Als Zahlungssysteme sind sowohl konventionelle Verfahren, als auch elektronische Verfahren möglich. Notwendige Angaben (z.B. Kreditkartennummer, Kontonummer, Geldinstitut) können jedoch in Kundenprofilen im IBPP-System gespeichert und so für zukünftige Zahlungen genutzt werden. Fehlerhafte Eingaben können vom IBPP-System direkt überprüft und dem Kunden zurückgemeldet werden. Crone schreibt: „Der Kunde ist nur noch einen Mausklick von der Bezahlung entfernt." [CRO98]

Nachteilig am Online Bill Payment ist für den Kunden, daß ihm Verbindungskosten während der Prüfung der Rechnung und der Eingabe der Zahlungsdaten entstehen – es sei denn, er beendet die Verbindung zwischenzeitlich.

Für den Biller ist es möglich, Zustandsinformationen über den Zahlungsvorgang zu erhalten. Der Biller könnte verfolgen, ob der Kunde die Rechnung bereits zur Kenntnis genommen aber nicht bezahlt hat, oder ob er sie noch gar nicht gesehen hat. Entsprechend könnte der Wortlaut einer Erinnerung oder Mahnung individuell angepaßt werden.

Interessant für beide Seiten ist auch die Möglichkeit, eine automatische Bezahlung der Rechnung (z.B. durch Bankeinzug) nach Ablauf einer bestimmten Frist festzulegen. Innerhalb der Frist hat der Kunde jedoch die Chance, die automatische Zahlung zu stoppen oder zu verändern. Das Verfahren entlastet den Kunden von jeglichem Zutun und löst das Problem, während längerer Abwesenheit oder bei technisch bedingten Zugangsproblemen nicht in der Lage zu sein, seinen Verpflichtungen zur Rechnungszahlung nachkommen zu können. Das Electronic Bill Payment kann hier noch wesentliche Verbesserungen gegenüber dem üblichen Lastschriftverfahren bringen, wenn es die Möglichkeit gibt, Bedingungen und Limits zu setzen, unter denen eine automatische Zahlung erfolgen kann (z.B.: Princeton Telecom, InvoiceLink).

Ein Problem für den Privatkunden bei papierbasierten Zahlungen, nämlich die Bearbeitung der Rechnungen in Abwesenheit, ist zunächst noch nicht gelöst. Im Rahmen des Internet Bill Payment ist jedoch denkbar, daß beide Seiten eine automatische Bezahlung einer Rechnung zum Fälligkeitsdatum vereinbaren. Der Kunde bestimmt vorher, daß auch ohne sein Zutun eine Rechnung nach Ablauf einer bestimmten Frist nach ihrer Zustellung bezahlt wird.

7.2.3 Clientseitiges Internet Bill Payment

Bei der Übermittlung der Rechnung per E-Mail (E-Mail-Billing) werden die Rechnungsdaten permanent auf den Rechner des Kunden übermittelt. Eine Verbindung zum IBPP-System des Billers zum Zeitpunkt der Bezahlung kann nicht vorausgesetzt werden. Ebenso wie die Betrachtung der Rechnung und die Navigation durch diese ohne Netzwerkverbindung möglich ist, kann die Zahlung auch offline ausgelöst werden (Offline Bill Payment)[26]. Die Übermittlung der Zahlung erfolgt dann zu einem späteren Zeitpunkt. Der Kunde muß jedoch darauf achten, daß er ausgelöste Zahlungen später auch wirklich absendet.

E-Bills könnten durch eine Reply-Mail mit den notwendigen Angaben bezahlt werden. Werden dabei alle persönlichen Daten und Zahlungsdaten übermittelt, bedarf die Nachricht eines besonderen Schutzes. Möglich ist aber auch, daß der Kunde einmalig diese Daten in einem sicheren Verfahren an den Biller sendet und dann in seiner Reply-Mail nur noch die Zahlung bestätigt oder verweigert. Komfortable Systeme werden dem Kunden trotzdem verschiedene Zahlungswege offenhalten.

So könnte beispielsweise eine E-Mail des Billers wie folgt aussehen:

*** E-Bill

An: Max Mustermann

Wir berechnen Ihnen nachfolgend erbrachte Leistungen:

....

Gesamtsumme: 1000 DM

-----Zahlungsabschnitt - Bitte senden Sie diesen Teil der E-Mail zurück. ------

----- Die ersten beiden Zeilen bitte nicht verändern ----

Ihre Kundennummer: 987654321

Unsere Rechnungsnummer: 12345678

----- Die nachfolgenden Angaben können Sie ggf. ändern ----

Zahlung bestätigt in voller Höhe (Ja/Nein): Ja

Zahlungsbetrag: 1000 DM

ggf. Grund für Zahlungsverweigerung: ...

Zahlungssysteme: Kreditkarte Visa (Default)

ggf. Anmerkungen/Fragen: ...

Abbildung 7: Beispiel einer E-Bill mit Zahlungsabschnitt

Ein Abfangen der Reply-Mail mit dem Zahlungsabschnitt ermöglicht es dem Angreifer lediglich, eine Geschäftsbeziehung zwischen dem Biller und dem Kunden festzustellen.

---

[26] Offline Bill Payment wird bereits von PFM-Programmen mit Homebanking-Funktionen unterstützt.

Es gelangen jedoch keine Kreditkartennummer oder Kontonummer in seine Hände.

Das Problem an diesem Verfahren ist die Notwendigkeit, die Strukturvorgaben innerhalb der E-Mail exakt einzuhalten. Schreibfehler (z.b. „Zahlungsverfahren: Vissa")
oder unerlaubte Angaben (z.b. „Zahlungsverfahren: meine Kreditkarte 2362367") bedingen Einschränkungen bei der automatischen Verarbeitung und eine kostenverursa-
chende manuelle Bearbeitung des Vorgangs. Hier besteht – wie erwähnt – der Bedarf
nach einem Standard für strukturierte E-Mails.

Probleme beim Scheduling von Zahlungen sind beim clientseitigen Internet Bill Payment treten auf, wenn nicht garantiert werden kann, daß zum vorgesehenen Zahlungszeitpunkt die Client-Software aktiv ist und über eine entsprechende Netzverbindung zur
Übertragung der Zahlungsdaten verfügt. Dies ist vor allem bei Kunden problematisch,
die sich per Wählleitung mit dem Internet verbinden. Hier obliegt es wieder dem Kunden, rechtzeitig an die Zahlung zu denken. Softwareunterstützung zur Erinnerung an
anstehende Aufgaben funktioniert nur, wenn der PC eingeschaltet ist. In Zukunft aber
könnten mobile Agenten des Kunden auch bei ausgeschaltetem PC im Internet aktiv
sein und die Zahlungsvorgänge termingerecht auslösen.

7.3 Elektronische Zahlungssysteme

Elektronische Zahlungssysteme werden von Wasmeier [WAS98, Seite 152ff.] in drei
Gruppen eingeteilt:

1. Kreditkartenbasierte Systeme
2. Bankeinzug (Electronic Direct Debit)
3. Guthabenbasierte Systeme.

An dieser Stelle sollen nur einige typische Merkmale diskutiert werden. Für eine aus-
führlichere Betrachtung sei auf Wasmeier [WAS98] sowie Lynch und Lindquist
[LYN97] verwiesen.

7.3.1 Kreditkartenbasierte Systeme

Häufigstes Zahlungsmittel im Internet ist die Kreditkarte [WAS98, Seite 152]. Dabei
werden Karteninhaber, Kartennummer und Gültigkeitszeitraum über ein Formular ein-

gegeben und unverschlüsselt über das Internet übertragen. Der Verkäufer reicht diese Informationen beim zuständigen Kreditkarteninstitut ein und erhält eine Überweisung abzüglich einer Provision.

Die Zahlung per Kreditkarte hat folgende Vorteile:

1. Kreditkarten sind weltweit verbreitet. Am weitesten verbreitet sind Visa (333 Millionen) und Mastercards/Eurocards (160 Millionen). In Deutschland sind 2,3 Millionen Visa-Cards bzw. fünf Millionen Mastercards/Eurocards im Umlauf [LAN97, Seite 120].

2. Es kann auf eine bestehende Infrastruktur zurückgegriffen werden, die eine Online-Authorisierung gestattet [WAS98, Seite 153].

Das Verfahren hat jedoch auch einige Nachteile:

1. Das Zahlungssystem eignet sich nicht für kleinere Beträge, weil die Transaktionskosten hoch sind [WAS98, Seite 154]. Kreditkartengesellschaften unterscheiden bei ihrer Provisionsberechnung zwischen card-present-Transaktionen (auch „face-to-face"), in denen die Karte vorgezeigt wird, und card-not-present-Transaktionen (auch MOTO – „Mail Order/Telephone Order"), zu denen auch die Kreditkartenzahlung im Internet gehört. Letztere werden zu wesentlich höheren Provisionen (mindestens 50 Pf pro Transaktion) abgerechnet. Die Akzeptanz von Kreditkarten lohnt sich für den Händler erst ab Beträgen über 20 DM [ebenda].

2. Kreditkartengesellschaften übernehmen bei card-not-present-Transaktionen keine Zahlungsgarantie [ebenda].

3. Es besteht die Gefahr des Mißbrauchs der Kreditkarteninformationen durch Dritte, die mit Hilfe spezieller Software das Internet gezielt nach Kreditkarteninformationen abhören [WAS98, Seite 153]. Die Anonymität im Internet unterstützt den Mißbrauch.

4. Der die Kartendaten empfangende Händler kann nicht sicher sein, ob er vom Kunden eine gültige und vor allem die richtige Kreditkarte präsentiert bekommt [ebenda].

Eine Verbesserung des Verfahrens kann durch die verschlüsselte Übertragung der Kreditkartendaten (vgl. Kapitel 7.3.1) erreicht werden. Mißbrauch ist aber weiterhin möglich, sowohl durch den Händler, der die Kartendaten an Dritte weitergeben kann, als auch durch den Kunden, der weiterhin eine falsche oder ungültige Karte benutzen kann. Nur die unerwünschten Zuhörer sind ausgeschlossen.

Im Juni 1997 haben die beiden großen Kreditkartenunternehmen Visa und Mastercard die Version 1.0 der Spezifikation für den offenen Industriestandard Secure Electronic Transaction (SET) freigegeben [LAN97, Seite 120ff.]. SET verbirgt die Kreditkartendaten vor dem Händler. Diese werden nur an die Bank des Händlers übermittelt, die wiederum zunächst eine Zahlungsautorisierung von der Bank des Kunden einholt. Kunde, Händler und Bank authentifizieren sich durch die Benutzung digitaler Zertifikate auf des X.509v3-Standards [NUS98, Seite 100].

Voraussetzung für SET ist jedoch eine Infrastruktur für die Ausstellung digitaler Zertifikate, die es bislang nicht gibt [LAN98, Seite 124]. Laut Wasmeier [WAS98, Seite 157] befindet sich SET bisher noch nicht im kommerziellen Einsatz, sondern wird nur in Pilotversuchen getestet. Problem ist die mangelnde Kompatibilität und Interoperabilität der SET-Implementierungen verschiedener Hersteller. Für eine detailliertere Darstellung von SET sei auf Lange [LAN97, Seite 120ff.] und Nusser [NUS98, Seite 100ff.] verwiesen. Weitere kreditkartenbasierte Zahlungssysteme für das Internet werden von Telecash[27], ECRC Network Services[28], CyberCash[29] und First Virtual[30] angeboten (vgl. [WAS98, Seite 155]) .

7.3.2 Bankeinzug (Electronic Direct Debit)

In Deutschland häufig verwendet wird das Bankeinzugsverfahren, das auch in deutschen E-Commerce-Angeboten oft zum Einsatz kommt [WAS98, Seite 152]. Im Vergleich zur Kreditkartenzahlung werden Kontoinhaber, Kontonummer, Bankname und Bankleitzahl statt Kreditkarteninhaber, Kreditkartennummer und Verfallsdatum übertragen. Die Anbieter des Electronic Direct Debit (EDD) sind beinahe die gleichen wie die Anbieter elektronischer Kreditkartenzahlung Die Verfahren haben einen entsprechenden Na-

---

[27] http://www.telecash.de
[28] http://www.ecrc.de
[29] http://www.cybercash.de
[30] http://www.fv.com

menszusatz: Telecash ELV[31], CyberCash edd und SET edd. Auch der Internet Service Provider Germany.Net bereitet ein Verfahren für seine Kunden vor [WAS98, Seite 155].

Bankeinzug lohnt sich ab 10 DM [WAS98, Seite 156]. Der Kunde in Deutschland hat in jedem Fall ein Widerrufsrecht von sechs Wochen. Die Dauer einer Transaktion liegt im Bereich von Tagen, während eine Kreditkartentransaktion bei den genannten Anbietern 15-90 Sekunden bzw. Minuten (First Virtual) abgewickelt werden kann [ebenda].

Eine Variante bietet die Deutsche Telekom AG (DTAG) mit dem Verfahren „T-Online-Billing" (TOB) an [WAS98, Seite 156]. Schon seit BTX-Zeiten betreibt die DTAG innerhalb ihres Mehrwertdienstes ein Abrechnungssystem über die Telefonrechnung, über das 1996 rund 100 Millionen DM umgesetzt wurden. Das Verfahren soll nun auch auf das Internet ausgeweitet werden, wobei es sich nur für Kunden eignet, die über T-Online ins Internet gehen [ebenda].

7.3.3 Guthabenbasierte Verfahren

Im Bereich der guthabenbasierten Verfahren gibt es eine Reihe unterschiedlicher Ansätze. Im einfachsten Fall unterhält der Kunde beim Händler ein Guthabenkonto, auf das er zu Beginn einzahlt [WAS98, Seite 155f.]. Danach kann er diesen Betrag bei dem Händler ausgeben, auch in kleinsten Einheiten, denn die Transaktionskosten sind sehr gering, da der Händler den Betrag nur in seinen internen Systemen umbuchen muß. Das Verfahren eignet sich aber nur für Stammkunden, beispielsweise Abonnenten einer Online-Zeitung, die pro gelesenem Artikel fakturiert.

Händlerübergreifende Ansätze unterscheiden sich insbesondere dadurch, an welchem Ort das Guthaben gespeichert wird [WAS98, Seite 156]. Bei eCash der Firma Digi-Cash[32] ist es die Festplatte des Kunden, bei den CyberCoins von CyberCash[33] der Bankserver und bei Millicent von Digital[34] der Server eines Millicent-Brokers.

---

[31] ELV=Elektronisches Lastschriftverfahren
[32] http://www.digicash.com
[33] http://www.cybercash.de
[34] http://www.millicent.digital.com

Das Verfahren, das dem Bezahlen mit Bargeld am nächsten kommt, ist das eCash-Verfahren des niederländischen Kryptographie-Experten David Chaum [WAS98, Seite 157]. Es sichert dem Kunden vollständige Anonymität zu, nachdem er die digitalen Münzen von der ausgebenden Bank in seine lokale Wallet-Anwendung geladen hat. Dort ist er selbst dafür verantwortlich, sich vor dem Verlust der Münzen durch technische Probleme, Unachtsamkeit oder Diebstahl zu schützen. eCash und CyberCash lassen als kleinste Einheiten den Wert von einem Pfennig zu, während die Millicent-Währung „Scrips" für extrem kleine Beträge bis hin zu Pfennigbruchteilen zum Verkauf elektronischer Waren wie Informationen und Software in kleinsten Einheiten optimiert ist [LAN98, Seite 119]. So könnte ein Informationsanbieter für das Abrufen einer Seite jeweils einen halben Pfennig verlangen oder die Benutzung von Softwarekomponenten auf entfernten Servern Zehntelpfennigbeträge kosten.

Pilotprojekte in Deutschland laufen bei der Deutschen Bank (eCash) [WAS98, Seite 157], Dresdner Bank und Landesbank Sachsen (CyberCoin) [DRE98a, Seite 112]. Kommerziell bereits verfügbar ist die Kleingeldbörse von Germany.Net für Beträge von 0,01 bis 9,99 DM, allerdings nur für Kunden dieses Providers [WAS98, Seite 156].

7.4 Bill Posting

Das Bill Posting stellt im Rahmen des IBPP den Teilbereich mit den wenigsten Herausforderungen dar. Bereits heute gibt es auf dem Markt zahlreiche Abrechnungssysteme (z.B. SAP R/3, BAAN, Oracle Financials), die elektronische Zahlungsinformationen importieren und verarbeiten können. Diese Daten erreichen den Biller heute über den Datenaustausch mit Banken. Neben diesem Weg wird es durch die neuen elektronischen Zahlungssysteme in Zukunft auch andere Schnittstellen geben, in die Banken teilweise nicht involviert sind. Dafür sind die bestehenden Abrechnungssysteme zu erweitern. Diese Thematik soll jedoch im Rahmen dieser Diplomarbeit ausgeklammert werden.

7.5 Zusammenfassung

Das beste Verfahren zur Gewährleistung von Konsistenz zwischen Rechnungsdaten und Zahlungsdaten ist die serverseitige Integration einer Zahlungsfunktion in die Rechnungsdarstellung. Welches der vorgestellten Zahlungssysteme dabei zum Einsatz kommen soll, hängt nicht nur von der Höhe der Rechnungsbeträge ab, sondern vor allem auch davon, welche Zahlungssysteme sich auf dem Markt durchsetzen werden. Es nützt weder dem Biller, ein Zahlungssystem anzubieten, das unter seinen Kunden nicht verbreitet ist, noch dem Kunden, einem Zahlungssystem beizutreten, das nur von wenigen Billern akzeptiert wird.

8 Technische Konzeption eines IBPP-Systems

Das Anwendungskonzept eines IBPP-Systems wurde in den vorangegangenen Kapiteln ausführlich vorgestellt. An dieser Stelle soll auf die technische Realisation eines IBPP-Systems eingegangen werden. Ein Biller steht bei der Implementierung eines IBPP-Systems vor zwei wesentlichen Herausforderungen:

1. die Architektur des Systems so zu gestalten, daß verschiedene Dienste zusammenarbeiten

2. die Integration eines IBPP-Systems in bestehende Billing-Systeme.

Beide Punkte sollen in den folgenden Unterkapiteln diskutiert werden.

8.1 Architektur eines IBPP-Systems

Das nachstehende Schaubild enthält einen Architekturentwurf für ein IBPP-System mit Web- und E-Mail-Billing sowie Bill Consolidation-Unterstützung und Customer Care Schnittstelle.

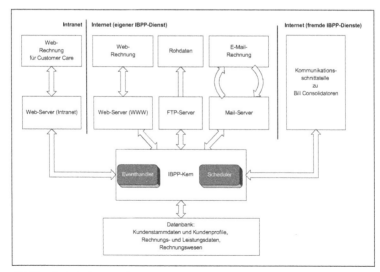

Abbildung 8: Architektur eines IBPP-Systems

Grundlage des IBPP-Systems ist eine Datenbank mit den Rechnungs- und Leistungsdaten, den Daten des Rechnungswesens sowie den Profilen der Kunden, die nicht nur aus
den zur Erstellung der Rechnung nötigen Stammdaten wie Name und Adresse bestehen,
sondern auch Informationen wie Vorlieben und Nutzungsgewohnheiten[35] enthalten,
welche Basis des One-To-One-Marketing sind. Die Datenbank muß dabei nicht originä-
rer Bestandteil des IBPP-Systems sein, sondern sie kann auch Element eines bestehenden Billing-Systems sein (vgl. dazu die Integrationsstufen in Kapitel 8.2).

Präsentationskomponenten sind zwei Web-, ein FTP- und ein Mail-Server sowie die
Verbindungen zu den IBPP-Systemen von Bill Consolidatoren. Einer der beiden Web-
Server ist mit dem Internet verbunden; er dient dem Zugriff der Kunden auf ihre Web-
Bills. Der andere Web-Server steht im Intranet des Unternehmens und bietet den Cu-
stomer Care-Mitarbeitern Zugriff auf die Rechnungen. Der FTP-Server ermöglicht den
Download von Rechnungs- und Leistungsdaten in verschiedenen Formaten. Der SMTP-
Server dient dem Versand von E-Bills.

Im Mittelpunkt steht ein Kernsystem, das die Daten aus der Datenbank entnimmt, aufbe-
reitet und über die Präsentationskomponenten zur Verfügung stellt. Der Kern muß einen
Eventhandler besitzen, der auf Ereignisse reagiert, die über die Präsentationskomponenten eingehen. Dies sind beim Web-Server die Anfrage nach seiner Seite (inklusive
übergebener Parameter) und beim Mail-Server eingehende E-Mails. Das System ist also
so konzipiert, daß der Kunde durch strukturierte E-Mail-Nachrichten Anfragen an das
System stellen kann (z.B. Zahlungen bestätigen, Reklamationen einreichen, Auswertungen anfordern). Dabei ist die Kommunikation des Kunden mit dem Mail-Server im
Schaubild bewußt mit zwei Pfeilen gezeichnet, weil hier die Interaktion im Vergleich zu
WWW und FTP verzögert ist.

Denkbar ist auch, daß der FTP-Server Ereignisse generiert. Dies ist im Normalfall aber
in heutigen FTP-Servern nicht vorgesehen; sie leiten nur existierende Dateien weiter. Es
würde den Kundenanforderungen genügen, wenn der Kern auf Anfragen aus dem
WWW oder per E-Mail Dateien generiert, die anschließend heruntergeladen werden

können.

Der Kern nimmt die Anfragen entgegen und generiert bei Bedarf eine Antwort durch Zugriff auf die Datenbasis (z.B. Eingangsbestätigung für Zahlung oder Reklamation, angeforderte Auswertung). Er muß in der Lage sein, verschiedene Antwortformate zu generieren (z.B. HTML, GIF, JPEG, OFX, GOLD, Excel).

Es besteht die Möglichkeit, daß Anfragen aus dem WWW mit E-Mails beantwortet werden. Dieses Feature wurde in Kapitel 6.5 als wünschenswert erarbeitet, um zu vermeiden, daß der Kunde auf Auswertungen warten muß, die nicht binnen weniger Sekunden erzeugt und geliefert werden können.

Ein weiteres mögliches Ereignis ist die Veränderung der Datenbasis. Hier treten insbesondere folgende Ereignisse auf:

- Einfügen neuer vom Kunden in Anspruch genommener Leistungen
- Erzeugung neuer Rechnungen
- Eingang von Zahlungen auf anderen Wegen als per Internet Bill Payment
- Einfügen von neuen Kundenstammdaten
- Löschen von Kundenstammdaten

Es gibt zwei Wege, wie das Kernsystem von diesen Ereignissen erfahren kann. Bei aktiven Datenbankmanagementsystemen (DBMS) ist die Datenbank in der Lage, diese Ereignisse zu triggern und entsprechende Funktionen im Kernsystem aufzurufen. Verfügt das DBMS nicht über solche Trigger, muß der Kern die Datenbank auf dem Wege des Polling regelmäßig nach Änderungen abfragen. Aus diesem Grund sieht das Kernsystem einen <u>Scheduler</u> vor, der das Polling in definierten Intervallen ausführt.

Eine weitere Funktion des Schedulers ist die Ausführung von Anfragen, die nicht zur sofortigen Abarbeitung gestellt, sondern mit einem Erledigungstermin versehen wurden. Solche terminierten Anfragen sind beispielsweise Zahlungen des Kunden, die erst zu einem bestimmten Datum ausgeführt werden sollen, um Liquiditätsvorteile zu reali-

---

[35] Zur rechtlichen Zulässigkeit der Sammlung von Nutzungsdaten in Deutschland vgl. Kapitel 9.1.3.

sieren. Weiterhin wird der Scheduler benötigt, um Aufräumarbeiten im System durchzuführen, beispielsweise das Löschen von generierten Dateien für FTP, die die maximale Aufbewahrungszeit erreicht haben, oder das Entfernen von Daten aus der Datenbasis, die nicht mehr benötigt werden oder nicht mehr gespeichert werden dürfen (z.B. Einzelverbindungsdaten bei Telekommunikationsfirmen, die nach 80 Tagen gelöscht werden müssen[36]).

Schließlich sollte ein IBPP-System eine Kommunikationsschnittstelle zu Bill Consolidatoren vorsehen. Beim Thick Consolidation und dem Verzicht auf die Bedienung von Kunden ohne Consolidator entfallen die drei Präsentationskomponenten des IBPP-Systems. Beim Thick Consolidation oder der zusätzlichen Unterstützung des direkten Billing werden eigene Präsentationskomponenten benötigt.

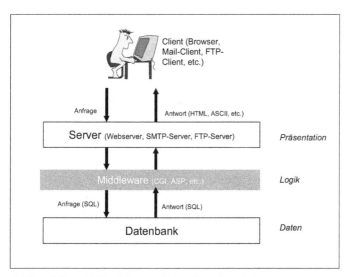

Abbildung 9: Dreischichtige Softwarearchitektur für ein IBPP-System

Die vorgestellte Architektur baut auf einer Datenbank und zahlreichen Standard-Internet-Servern auf, die um ein Kernsystem herum angeordnet werden. Der Kern hat die Funktion einer Middleware zwischen Daten und Präsentation. Für die Implementierung einer solchen Middleware stehen heute verschiedene Internet-Technologien bereit

---

[36] §6 Abs. 3 Telekommunikations-Datenschutzverordnung

(z.B. Common Gateway Interface, Active Server Pages, Java). Die obige Graphik zeigt die dahinterstehende dreischichtige Softwarearchitektur.

8.2 Integration eines IBPP-Systems in bestehende Billing-Systeme

Eine sehr entscheidende Frage für den Implementierungsaufwand eines IBPP-Systems ist das Gelingen der Integration in bestehende Billing-Systeme.

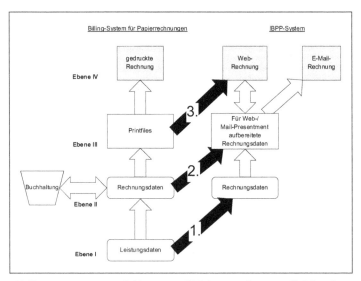

Abbildung 10: Integrationsmöglichkeiten eines IBPP-Systems in konventionelle Billing-Systeme

Zur Veranschaulichung soll ein konventionelles Billing-System in vier Datenebenen gegliedert werden:

I. EBENE DER LEISTUNGSDATEN

Auf der Ebene der Leistungsdaten besteht zunächst nur eine Sammlung von Daten über die von Kunden in Anspruch genommenen Leistungen (z.B. geführte Telefongespräche, bestellte Produkte).

II. EBENE DER RECHNUNGSDATEN

Auf der Ebene der Rechnungsdaten existieren Rechnungen, die aus einer Aggregation von Leistungsdaten bestehen. Bei der Benutzung von Bill Publishern werden die Daten dieser Ebene weitergereicht[37]. Ebenso bedienen sich die Buchhaltungssysteme dieser Daten.

III. EBENE DER DRUCKDATEN

Aus der Aufbereitung der Rechnungsdaten für eine gewünschte Präsentationsform ergeben sich die Daten für den Ausdruck auf Papier. Bei der Benutzung externer Printshops, werden die Daten der III. Ebene an diese übergeben (vgl. Kapitel 4.1).

IV. PAPIEREBENE

Aus dem Ausdruck der Druckdaten entsteht schließlich die traditionelle Papier-Rechnung.

Dabei ist die Bandbreite der Anwendungen und Formate, in denen diese Daten gespeichert sind, sehr groß. Sie reicht von ASCII-Dateien, Tabellenkalkulationsblättern und Endbenutzerdatenbanken wie Microsoft Access und Borland Paradox über große Datenbankserversysteme (z.B. von Oracle oder Informix) bis hin zu komplexen Business-Anwendungen wie SAP, branchen- oder sogar unternehmensspezifischen Billing-Systemen.

Gemäß der Ebene, auf der das IBPP-System in das konventionelle Billing-System integriert wird, sollen IBPP-Systeme in drei Integrationstypen klassifiziert werden (siehe Graphik):

INTEGRATIONSTYP 1

Auf der untersten Ebene könnte das IBPP-System schon dort ansetzen, wo die Leistungsdaten gespeichert sind (Ebene I). Das würde aber bedeuten, daß das IBPP-System auch die Zusammenstellung der Leistungsdaten zu Rechnungen übernehmen müßte und daß die entsprechenden Algorithmen parallel für die papierbasierte und die internetbasierte Rechnung implementiert und gepflegt werden müßten. Das IBPP-System würde Datenbank, Logik und Präsentation beinhalten. Vorteil ist, daß dem IBPP-System wirk-

---

[37] In selteneren Fällen wird auch die Aggregation der Leistungsdaten zu Rechnungsdaten ausgelagert [REI98].

lich alle Basisdaten zur Verfügung stehen, unabhängig davon, inwieweit eine Verdichtung in höheren Ebenen des konventionellen Billing-Systems stattgefunden hat.

INTEGRATIONSTYP 2

Das IBPP-System kann ansetzen, nachdem ein bestehendes Billing-System bereits die Leistungsdaten zu Rechnungen aggregiert hat (Ebene II). Das IBPP-System würde nur einen Teil der Logik (Aufbereitung der Rechnung hinsichtlich der Möglichkeiten im Internet, insbesondere der Informationsverknüpfung und Interaktion) und die Präsentation (Darstellung in HTML) beinhalten. Die Redundanz der Logik zur Aggregation der Leistungsdaten entfällt. Allerdings kann das IBPP-System nicht über die Semantik der Rechnungsdaten hinausgehen, die das bestehende Billing-System enthält. Aus den Basisdaten gefilterte Informationen sind auf dieser Ebene nicht mehr verfügbar (Beispiel: Leistungen, die seit der letzten Rechnungsstellung erbracht wurden, sind noch nicht auf dieser Ebene verfügbar, würden aber benötigt, um Hot Billing im Rahmen von IBPP zu realisieren.)

INTEGRATIONSTYP 3

Schließlich kann das IBPP-System auch dort ansetzen, wo ein bestehendes Billing-System bereits Rechnungsausgaben in Form von Printfiles erzeugt hat (Ebene III). Das IBPP-System wäre dann eine reine Präsentationskomponente mit einer statischen Rechnung, die hinsichtlich der Interaktionsmöglichkeiten kaum über die Papier-Rechnung hinausgeht. Wie die Besprechung von derzeit verfügbaren Lösungen gezeigt hat, verfolgen einige Anbieter diesen Weg. Er hat den Vorteil, daß das IBPP-System sehr einfach und kostengünstig eingebunden werden kann.

Die dargestellten Integrationstypen sind Idealformen; es besteht auch die Möglichkeit, verschiedene Integrationstypen innerhalb eines IBPP-Systems zu kombinieren. Die in Kapitel 8.1 entwickelte IBPP-Systemarchitektur paßt zu den Integrationstypen 1 und 2. Ein IBPP-System für Integrationstyp 3 wäre wesentlich einfacher aufgebaut.

9 Rechtsfragen und Sicherheitsaspekte des Internet Bill Presentment and Payment

Wie die öffentliche Diskussion zeigt, sind Rechts- und Sicherheitsfragen stets wichtige Aspekte bei Electronic Commerce-Anwendungen. Diese beiden Bereiche werden daher in diesem Kapitel gesondert behandelt.

9.1 Rechtsfragen des Electronic Billing

Zu prüfen ist die rechtliche Stellung von über das Internet verbreiteten Rechnungen. Aus vertragsrechtlicher Sicht müssen das Bürgerliche Gesetzbuch (BGB), das Handelsgesetzbuch (HGB) und die Zivilprozeßordnung (ZPO) untersucht werden. Aus steuerrechtlicher Sicht sind die Abgabenordnung (AO) und das Umsatzsteuergesetz (UStG) zu betrachten. Datenschutzrechtlich relevant sind das Bundesdatenschutzgesetz (BDSG), das Telekommunikationsgesetz (TKG) und die Telekommunikationsdienstunternehmen-Datenschutzverordnung (TDSV)[38]. Dabei wird in der Rechtsprechung kein Unterschied zwischen dem Internet und anderen elektronischen Medien gemacht.

9.1.1 Vertragsrechtliche Beurteilung

Es wird heute in der Rechtsprechung weitgehend bejaht, daß automatisch durch Computersysteme erzeugte und per Datenübertragung übermittelte Willensäußerungen rechtlich ordnungsgemäß sind [KIL96, Seite 111ff.][STR97, Seite 86]. Gemäß §126 BGB ist für Willenserklärungen und Verträge ein Papierbeleg entbehrlich, wenn nicht ein Gesetz die Schriftform vorschreibt [SCH94, Seite 2041]. Da das BGB keine Regelungen zur Rechnung vorsieht, ist der elektronische Versand von Rechnungen im Geschäftsverkehr möglich. Auch das HGB stellt kein Hindernis dar. Letzteres nennt Schuppenhauer [SCH98, Seite 1] insofern zeitgemäß, als §239 Abs. 3 HGB die Speicherung von Büchern und Aufzeichnungen auf Datenträgern gestattet sowie §257 Abs. 3 HGB die bildliche Aufbewahrung von Belegen auf Datenträgern erlaubt.

---

[38] „Verordnung über den Datenschutz für Unternehmen, die Telekommunikationsdienstleistungen erbringen" vom 12. Juli 1996

Mehnen [MEH89, Seite 93] empfiehlt dennoch die explizite Anerkennung des Austausches von Nachrichten in elektronischer Form durch einen Vertrag zwischen den Parteien. Der Vertrag sollte folgende Punkte umfassen:

- Anwendungsbereich
- Umfang der Anwendung
- Berechtigung der Übermittlung
- Technik und Darstellungsart der auszutauschenden Daten
- Rechte und Pflichten der Beteiligten
- Haftung
- Geheimhaltung und Datenschutz.

Es verbleibt jedoch die Problematik der Beweisbarkeit der elektronischen Rechnungszustellung, um die Fälligkeit der Forderung zuverlässig zu begründen. Grundsätzlich trägt der Erklärende die Beweislast dafür, daß seine Erklärung zugegangen ist [PAL98, §130, Randnummer 21]. Analog dazu ist der Biller im Streitfalle in der Pflicht, den Zugang der Rechnung zu beweisen. Bei der Briefpost gilt eine Erklärung dann als zugegangen, wenn sie so in den Machtbereich des Empfängers gelangt ist, daß im normalen Geschäftsverkehr mit der Kenntnisnahme seitens des Empfängers gerechnet werden kann [STR97, Seite 89]. Bei der Briefpost ist der Machtbereich des Empfänger der Briefkasten; bei elektronischer Post analog das E-Mail-Postfach auf dem SMTP-Server des Internet-Providers des Kunden. Dabei wird ein Geschäftspartner, der seine E-Mail-Adresse veröffentlicht, behandelt wie ein Empfänger normaler Post; es wird erwartet, daß er sein E-Mail-Postfach mindestens einmal täglich leert [STR97, Seite 90][39]. Übermittlungsfehler, die auf ein Fehlverhalten seines eigenen Providers zurückzuführen sind, hat der Empfänger zu vertreten [ebenda].

Der Biller muß beweisen, daß eine E-Bill im Postfach des Empfängers angekommen ist. Die Rechtsprechung hat wiederholt verneint, daß bei Telefaxübermittlung dem Sende-

---

[39] vgl. Urteil des Oberlandesgerichtes Köln vom 1. Dezember 1989 - 6 U 10/89
zum Zugang einer Willenserklärung mit modernen Kommunikationsmitteln,
vgl. http://www.online-recht.de/vorent.html?OLGKoeln891201+ref=Vertragsrecht.

protokoll Beweiswirkung zukommt[40]. Das Sendeprotokoll einer E-Mail reicht analog dazu als Beweis für den Zugang nicht aus, weil beim E-Mail-Transport ebenso wie der Telefaxtechnologie zahlreiche Fehlerquellen existieren. Hier müßte in Form einer Prüfroutine die Übermittlung bis zur Schnittstelle des Empfängers zuverlässig und nicht manipulierbar aufgezeichnet und an den Absender übermittelt werden [HÜL98].

Wie der Machtbereich des Empfängers beim Web-Billing in der Rechtsprechung definiert werden wird, ist unklar. Zweifelhaft ist, daß es der Pflicht des Billers genüge tut, die Rechnung auf der IBPP-Website bereitzustellen und es dem Kunden auferlegt wird, diese Site regelmäßig abzufragen.

Schuppenhauer [SCH94, Seite 2044] und Strömer [STR97, Seite 88] schlagen zur Beweissicherung des Zugangs die gegenseitige Bestätigung elektronisch übermittelter Dokumente vor. Als Beweis für den Zugang elektronischer Rechnungen könnte eine vom Kunden gesendete E-Mail gelten. Sofern dies jedoch durch entsprechende Standards automatisiert werden kann und der Benutzer die Bestätigung manuell senden muß, wird diese vom Kunden nur unzuverlässig zu bekommen sein.

Ungewiß ist, welchen Beweiswert elektronisch erzeugte, gesendete und archivierte Nachrichten vor Gerichten haben. Zwar ist auch der Zugang einer traditionellen Briefsendung ist ohne Briefzusatzleistungen nicht nachweisbar. Laut [HÜL98] ist die Rechtsprechung jedoch eher geneigt, der Zuverlässigkeit der Deutschen Post AG als der Zuverlässigkeit des Internets zu glauben. Laut Schuppenhauer verwehrt die ZPO in §416 elektronisch übermittelten oder gespeicherten Dokumenten im Rechtsstreit die formelle Beweiskraft durch die Forderung einer Urkunde. Als Urkunde wird nur das Papieroriginal akzeptiert [SCH94, Seite 2041]. „Ein elektronisch gespeichertes Dokument kann zwar Gedankenäußerungen enthalten, wird aber nicht als Urkunde gewertet, sondern nur als 'Objekt des Anscheins' ohne formelle Beweiskraft.", kommentiert Schuppenhauer [SCH94, Seite 2042]. Die Visualisierung auf dem Bildschirm und der Computerausdruck gelten nicht als Original, sondern nur als Abbild des gespeicherten Dokumentes [STR97, Seite 91]. Als wesentlicher Unterschied wird gesehen, daß eine Urkunde lesbar ist, elektronische Dokumente aber erst lesbar gemacht werden müssen [STR97, Seite

---

[40] OLG München, NJW 1993, 2447; NJW 1994, 527; OLG Hamm, NJW 1994

86].

Gemäß §286 ZPO unterliegen solche Nicht-Urkunden der freien richterlichen Beweiswürdigung [ebenda]. Schuppenhauer erläutert weiterhin [SCH94, Seite 2045], daß zwar einige Vorschläge zur Änderung der ZPO existieren, zur Zeit aber der Ausgang eines Prozesses, in dem ein elektronisches Dokument als Beweis vorgelegt wird, unklar sei. An dieser Rechtslage hat auch die Einführung des Signaturgesetzes (SigG) am 1.8.1997 nichts geändert [HAD98, Seite 161].

Fazit der Erörterung ist, daß gegenwärtig die Beweiskraft elektronischer Rechnungen in Deutschland eingeschränkt ist. Andere Staaten sind fortschrittlicher: Laut Lynch und Lundquist [LYN97, Seite 206] haben digitale Unterschriften in den USA bereits einen juristisch bindenden Status erreicht. In Großbritannien, Kanada und den USA, wurden selbst unsignierte E-Mails bereits als Beweismittel - sogar für die Zustellung einstweiliger Verfügungen - zugelassen [STR97, Seite 92].

9.1.2 Steuerrechtliche Beurteilung

§146 Abs. 5 AO und §147 Abs. 2 AO gestatten in Analogie zum HGB die elektronische Speicherung von Büchern, Aufzeichnungen und Belegen. Elektronisch übermittelte Rechnungen werden in Deutschland von den Finanzbehörden jedoch nicht als Rechnungen anerkannt [BMF92]. In einem Erlaß vom 25. Mai 1992 [BMF92][41] hat das Bundesministerium der Finanzen nach Absprache mit den Finanzbehörden der Länder festgelegt, daß elektronische Rechnungen nicht als Urkunden betrachtet werden. Dies entspricht der Auslegung der Zivilprozeßordnung (§416 ZPO), die als Urkunden nur Schriftstücke in Betracht zieht [SCH94, Seite 2041] (vgl. Kapitel 9.1.1). Als Rechnung werden vom BMF aus diesem Grund nur Schriftstücke anerkannt, die auf der Seite des Billers ausgedruckt wurden sowie die Übermittlung von Rechnungen per Microfiche, Telefax oder Telex [BMF98, Seite 2]. Laut dem o.g. Erlaß werden elektronische Rechnungen nur anerkannt, wenn zusätzlich eine schriftliche Leistungsabrechnung vorliegt. Diese schriftliche Abrechnung kann in Form von Protokollen über die übertragenen

---

[41] In nahezu identischem Wortlaut hat das BMF dazu bereits in einem Schreiben an die Finanzminister der Länder vom 28.12.1987 Stellung genommen. Das Schreiben ist abgedruckt bei Mehnen [MEH89, Seite 101-107].

Dateiinhalte oder entsprechende Dateiausdrucke erfolgen. Die Zusammenfassung von elektronischen Rechnungen zu schriftlichen Sammelabrechnungen ist möglich. Jedoch ist ein Vorsteuerabzug erst zum Eingang der Sammelabrechnung gestattet [ebenda].

Begründet wird dieser Erlaß von Oberamtsrat Rondorf [RON98] mit der Möglichkeit, daß der Rechnungsempfänger die Rechnung bei rein elektronischer Übermittlung mehrfach in identischer Weise ausdrucken und zum Vorsteuerabzug bringen könnte. Im Gespräch [RON98] unbeantwortet blieb die Nachfrage, wie das Bundesfinanzministerium denn mit der Möglichkeit umgehe, daß der Rechnungsempfänger eine schriftliche Rechnung durch Kopieren vervielfältigen und entsprechend mehrfach verbuchen könnte.

9.1.3 Datenschutzrechtliche Beurteilung

Das Bundesdatenschutzgesetz (BDSG) sowie weitere spezifische Verordnungen (z.B. Fernmeldegeheimnis im Telekommunikationsgesetz (TKG), Telekommunikationsdienstunternehmen-Datenschutzverordnung - TDSV[42], Teledienstedatenschutzgesetz (TDDSG)) verlangen den Schutz personenbezogener Daten vor dem Zugang durch unberechtigte Dritte.

Personenbezogene Daten sind gemäß §3 II BDSG Einzelangaben über bestimmte oder bestimmbare natürliche Personen. Ein Persönlichkeitsbezug ist in Rechnungen zumindest im Business-To-Consumer-Bereich offensichtlich gegeben, da Personen direkt benannt werden. Zwar unterliegen laut dem Gesetz nur natürliche Personen dem datenschutzrechtlichen Schutz [SCH98, §3, Randnummer 18]. Wenn aber die Beziehung zwischen einer juristischen Person und ihren Gesellschaftern durch finanzielle Verflechtung, eine überschaubare Gesellschafterzahl oder eine intensive persönliche Beteiligung an der Geschäftsführung so eng ist, daß ein Datum über die juristische Person automatisch als ein Datum über die daran Beteiligten angesehen werden kann, unterliegen auch Dokumente, in denen Unternehmen genannt sind, diesem Schutz [SCH98, §3, Randnummer 17].[43]

---

[42] "Verordnung über den Datenschutz für Unternehmen, die Telekommunikationsdienstleistungen erbringen" vom 12. Juli 1996
[43] auch: BGB BB 1996, S. 485

Bei Mißachtung drohen den Unternehmen empfindliche Strafen. So kann beispielsweise gemäß §15 Telekommunikationsgesetz (TKG) die Lizenz eines Telekommunikationsanbieters ganz oder teilweise entzogen werden, wenn dieser gegen das Fernmeldegeheimnis oder datenschutzrechtliche Regelungen verstößt. Ein teilweiser Entzug bedeutet gemäß §91 Abs. 3 TKG die Untersagung der geschäftsmäßigen Erbringung eines Telekommunikationsdienstes, für den die Sicherung der personenbezogene Daten nicht sichergestellt werden kann. Im Fernmeldebereich gehören zu den schützenswerten Daten neben den Inhalts- oder Nutzdaten auch die näheren Umstände des Telekommunikationsvorgangs (§86 Abs. 1 TKG). Dementsprechend müssen Einzelverbindungsnachweise, die über das Internet gesendet werden sollen, ebenso wie die Rechnungsdaten geschützt werden.

Auf die Möglichkeiten zum Schutz der Daten beim IBPP geht das Kapitel 9.2 näher ein. Zu beachten ist auch die Regelung (§6 Abs. 3 TDSV), daß Telekommunikationsanbieter die Verbindungsdaten - außer im Einspruchsfall - maximal 80 Tage lang speichern dürfen. Dies schränkt die Auswertungsmöglichkeiten über die Telekommunikationsleistungsdaten ein.

Das BSDG stellt jede Verarbeitung und Nutzung personenbezogener Daten unter ein Verbot mit Erlaubnisvorbehalt: Die Datenverarbeitung ist unzulässig gemäß §14 Abs. 1 BDSG, wenn sie nicht durch die Einwilligung des Betroffenen oder eine Rechtsnorm gestattet ist. Daher ist es geboten, die Einverständniserklärung des Kunden für die Rechnungszustellung über das Internet einzuholen.

Laut dem am 1.7.1997 in Kraft getretenen Teledienstedatenschutzgesetz (TDDSG) dürfen Provider ohne Einwilligung des Benutzers personenbezogene Daten nur in unbedingt notwendigem Umfang für Abrechnungszwecke verwerten (§6 TDDSV Abs.1). Nutzungsprofile dürfen sie nur anonym speichern, nicht aber mit den Benutzerdaten zusammenführen (§6 TDDSV Abs.3). Dies bedeutet für Internetanwendungen eine erhebliche Einschränkung des One-To-One-Marketings [HAD98, Seite 160].

9.2 Sicherheitsaspekte

Nach einer Untersuchung der relevanten Sicherheitsanforderungen an ein IBPP-System wird ein kurzer Überblick über Sicherheitsmechanismen im Internet gegeben.

9.2.1 Sicherheitsanforderungen

Die Anforderungen der Nachweisbarkeit (Biller), Genauigkeit (Kunde) und des Daten-schutzes (Biller und Kunde) bedingen Sicherheitsanforderungen an das IBPP. Die nach-folgende Gliederung in vier Bereiche erfolgt in Anlehnung an Nusser [NUS98, Seite 64f.].

1. AUTHENTIFIZIERUNG

Biller und Kunde müssen sich gegenseitig authentifizieren können. Durch die Sicher-stellung der Identität wird sichergestellt, daß

a) unberechtigte Personen keinen Zugang zum IBPP-System erhalten

b) der Kunde mit dem gewünschten Biller kommuniziert (Denkbar ist, daß Dritte sich als der Biller ausgeben und durch die Präsentation von gefälschten Rechnungen den Kunden zur Zahlung veranlassen).

Auf Basis der Authentifizierung ist auch die Implementierung eines Zugriffsrechtesy-stems möglich, durch das verschiedene Personen aus dem Kreise des Kunden aus-schließlich auf die für sie relevanten Teile zugreifen können. So könnte zum Beispiel in Unternehmen jeder Abteilungsleiter Einsicht in Einzelverbindungsnachweise der Tele-fone nehmen, die seiner Kostenstelle belastet werden. Realistischer Anwendungsfall bei Privatkunden sind Wohngemeinschaften, die einen gemeinsamen ISDN-Anschluß nut-zen, wobei jeder Bewohner nur die Einzelverbindungen seiner Mehrfachrufnummer einsehen soll.

2. VERTRAULICHKEIT

Zur Gewährleistung des Datenschutzes muß sichergestellt werden, daß während der Datenübertragung die Rechnungs- und Zahlungsdaten für unbefugte Personen nicht ein-sehbar sind.

3. DATENINTEGRITÄT

Datenintegrität erlaubt die Erkennung von unerlaubten Modifikationen während der Übertragung [AHU96, Seite 24]. Es muß gewährleistet sein, daß die Rechnungsinformationen auf dem Transportweg vom Biller zum Kunden nicht beabsichtigt oder unbeabsichtigt verfälscht werden. Ein Angriff eines Dritten könnte darin bestehen, die Rechnung so zu verändern, daß er Nutznießer der Zahlung des Kunden wird.

4. NICHTABSTREITBARKEIT

Nichtabstreitbarkeit ist die Fähigkeit, die Herkunft oder Zustellung von Daten beweisen zu können [AHU96, Seite 24]. Zur Erfüllung der Nachweisbarkeitsanforderungen ist sicherzustellen, daß der Kunde den Zugang einer Rechnung nicht abstreiten kann. Ebenso ist anzustreben, daß der Biller den Zugang von Zahlungen oder Reklamationen nicht abstreiten kann.

9.2.2 Sicherheit im Internet

Die Anfangszeit des Internets war geprägt von gegenseitigem Vertrauen und wohlwollender Kooperation der einzelnen Teilnehmer, so daß Sicherheitsprobleme bei der Entwicklung der Internet-Protokolle keine große Rolle spielten [NUS98, Seite 1f]. Demzufolge entsprechen viele dieser Protokolle nicht den Sicherheitsanforderungen heutiger Electronic Commerce Anwendungen.

Nusser [NUS98, Seite 49ff.] faßt folgende Schwachstellen der Internet-Protokolle zusammen:

- Die Datenübertragung erfolgt bei allen gängigen Internet-Diensten unverschlüsselt. IP-Datagramme können in jedem weiterleitenden Knoten im Internet eingesehen werden.

- Die IP-Adresse ist zur eindeutigen Authentifizierung der Kommunikationspartner nicht geeignet, da es keine fixe Verbindung zwischen IP-Adresse und Nutzer gibt und es möglich ist, Datenpakete mit falscher Absender-IP-Adresse zu versenden.

- Der Domain Name Service (DNS), der zur Umsetzung der Rechnernamen auf IP-Adressen dient, weist zahlreiche Sicherheitslücken auf; durch das sogenannte DNS-Spoofing kann ein Anbieter unter einem beliebigem Domainnamen im Internet auftreten.

- Die Datenintegrität ist nicht gewährleistet, da jeder weiterleitende Knoten im Internet in der Lage ist, IP-Datagramme herauszufiltern oder zu modifizieren.

Inzwischen existieren verschiedene Lösungsansätze auf Basis von Kryptographietechniken. Diese setzen auf verschiedenen Ebenen des Open Systems Interconnection (OSI) Referenzmodells an. Die nachfolgende Tabelle zeigt Sicherungsverfahren im Überblick (vgl. [NUS98, Seite 118ff.].

OSI-Schicht	Sicherungsverfahren
Anwendungsschicht	• Privacy Enhanced Mail (PEM)
	• Secure MIME (S/MIME)
	• Secure HTTP (SHTTP)
Transportschicht	• Secure Socket Layer (SSL)
Vermittlungsschicht	IP Security Protocol mit den Bestandteilen
	• Authentication Header (AH)
	• Encapsulated Security Payload (ESP)

Tabelle 4: Sicherungsverfahren im Internet

Eine Vorstellung und Diskussion dieser Verfahren und der unterschiedlichen Kryptographiemechanismen, die im Rahmen dieser Verfahren verwendet werden können, würde den Rahmen dieser Arbeit sprengen; so sei an dieser Stelle auf Nusser [NUS98, Seite 117ff.], Ahuja [AHU96, Seite 207ff.] sowie Kalakota und Whinston [KAL96, Seite 190ff.] verwiesen.

Wichtig für diese Arbeit ist, daß alle vier aufgestellten Sicherheitsanforderungen durch die o.g. Sicherungsverfahren (ggf. auch durch eine Kombination aus verschiedenen Verfahren) erfüllt werden können.

Die Verfügbarkeit dieser Sicherungsmechanismen in Deutschland unterliegt jedoch Einschränkungen durch die amerikanischen Exportbeschränkungen für Kryptographieverfahren. Daher verfügen die Exportversionen der marktführenden Webbrowser von Microsoft und Netscape nur über Kryptographieverfahren mit einer niedrigen Schlüssellänge (z.B. RC4 mit 40-bit im Internet Explorer 4.0 und Netscape Navigator 4.0). Eine mit dem symmetrischen RC4-Verfahren verschlüsselte Nachricht kann im Rahmen einer Brute-Force-Attacke in maximal 15 Tagen entschlüsselt werden, während bei 64 Bit auf dem heutigen Stand der Technik dafür schon 689.021 Jahre notwendig wären [NUS98, Seite 55].

10 Bewertung des Internet Bill Presentment and Payment

In diesem Kapitel wird eine Bewertung der in Kapitel 6-9 erarbeiteten Lösungsansätze Web-Billing und E-Mail-Billing vorgenommen. Das Kapitel schließt mit den Ergebnissen einer Konsumentenbefragung und ersten Erfahrungen mit IBPP-Anwendungen aus den USA.

10.1 Bewertung aus der Sicht des Billers

1) NIEDRIGE KOSTEN

Ebenso wie EDIFACT vermeidet IBPP einen Medienbruch bei Erstellung und Versand der Rechnung. Beim IBPP-Ansatz wird mit dem Internet jedoch ein Netzwerk genutzt, das nicht nur kostengünstig, sondern auch weltweit verfügbar ist. Über das Internet können nicht nur Firmen, sondern auch Privathaushalte auf einfache Weise erreicht werden.

Orr erwartet [ORR98] durch IBPP eine 30-50%ige Kostenreduktion, wobei Kerstetter [KER98] mit einer Senkung zwischen 55% und 77% rechnet. Daraus folgt, daß auch eine Rechnungsstellung über kleinere Beträge wirtschaftlich wird, welche vorher mehr Kosten als Erlöse einbrachten. Stoneman [STO98, Seite 54] ermittelt für die USA eine Gesamtkostenersparnis bei den Billern von fünf Milliarden US-Dollar pro Jahr (errechnet auf der Basis einer Kostenersparnis pro Rechnung von 0.25$ und 150 Millionen Rechnungsempfängern (Haushalte und Betriebe), die im Durchschnitt 133 Rechnungen pro Jahr (11 pro Monat) erhalten). Für den US-Telekommunikationskonzern Bell South bedeutet dies unter der Nebenbedingung, daß 10% der 22 Millionen Kunden IBPP nutzen werden, eine jährliche Ersparnis von 6,6 Millionen US-Dollar. [ebenda].

Ein Unsicherheitsfaktor zur Beurteilung der Wirtschaftlichkeit von IBPP besteht in den nötigen Investitionskosten für ein IBPP-System und dessen Integration in bestehende Billing-Systeme.

In Deutschland verhindert zudem die fehlende steuerrechtliche Anerkennung elektronischer Rechnungen (vgl. Kapitel 9.1.2), daß Unternehmen bei allen Kunden den Aufwand für Papierrechnungen einsparen können[44]. Somit senkt IBPP für deutsche Biller nicht die Kosten, sondern steigert sie. Der deutsche Biller steht daher vor der Frage, IBPP trotzdem kostenlos anzubieten, um Wettbewerbsvorteile zu realisieren oder sich IBPP vom Kunden als Mehrwertdienst bezahlen zu lassen.

2) HOHE GESCHWINDIGKEIT

IBPP beschleunigt analog zu EDIFACT die Zustellung der Rechnung gegenüber dem Postweg erheblich. Craft und Johnson [CRA97, Seite 7] erwarten bedeutende Zeiteinsparungen gegenüber der Papier-Rechnung. Für Erstellung, Kuvertierung und Versand der Rechnung gehen sie von einer Einsparung von ein bis fünf Tagen, bei der Zahlungsabwicklung von ein bis drei Tagen und in Hinblick auf die Verfügbarkeit der Zahlung von bis zu zwei Tagen aus.

3) ZUVERLÄSSIGKEIT

Ohne zusätzliche Sicherungstechniken (vgl. Kapitel 9.2) sind die Internet-Dienste nicht vollständig zuverlässig. Zwar garantiert auch der normale Briefdienst nicht die Zustellung einer Rechnung, jedoch sind auf diesem Transportweg die erwähnten Briefzusatzleistungen verfügbar, für die es im Internet noch keine weit verbreiteten Entsprechungen gibt.

Der Biller kann diese Problematik umgehen, indem er denjenigen Kunden, die ihre elektronische Rechnung nicht fristgerecht bezahlt haben, nicht direkt eine Mahnung, sondern eine Papierrechnung sendet. Diese könnte einen Hinweis auf die bereits gesendete bzw. bereitgestellte elektronische Rechnung enthalten und somit auch die Funktion einer höflichen Zahlungserinnerung haben.

Für den Biller unbefriedigend wird die Situation, wenn ein größerer Teil der Kunden seine Kulanz ausnutzt und die Zahlung bis zum Eingang der Papierrechnung hinauszögert.

---

[44] Das gilt ebenso für EDIFACT.

4) NACHWEISBARKEIT

Die rechtliche Betrachtung hat gezeigt, daß die Beweisbarkeit des Zugangs elektronischer Nachrichten zumindest in Deutschland sehr eingeschränkt ist. Der Biller kann diese Problematik jedoch entschärfen, indem er nach Überschreitung des Fälligkeitstermins eine Papierrechnung sendet (vgl. Punkt Zuverlässigkeit). Folgt auch dieser Rechnung keine Zahlung, hat der Biller die Möglichkeit, den Kunden nunmehr mit einer Mahnung in Verzug zu setzen, die auf dem Postweg unter Verwendung von Briefzusatzleistungen (Einschreiben, Rückschein) Beweiskraft vor Gericht erlangt.

Dem Biller stellen die Internetdienste Funktionen bereit, mit denen er zwar keinen rechtlich zulässigen Beweis für den Zugang erhält, jedoch zumindest einen Anhaltspunkt dafür bekommt, daß die Rechnung zugegangen ist.

- Beim Web-Billing kann durch das Log des Webservers in Zusammenhang mit Authentifizierungsmechanismen festgestellt werden, welcher Benutzer wann eine Seite abgerufen hat. Ein Abruf der Seite ist aber nicht automatisch ein hinreichender Beweis dafür, daß der Benutzer die Seite auch betrachten konnte (siehe Zuverlässigkeit). Weitere Anfragen, die sich auf die vorherige Seite beziehen (z.B. die Verfolgung von Links), können jedoch ein Indiz dafür sein, daß er die Seite gesehen hat.

- Beim E-Mail-Dienst ist in den Protokollen SMTP und POP3 eine automatische, fälschungssichere Zugangsbestätigung nicht vorgesehen. Jedoch sieht das SMTP-Protokoll Fehlermeldungen vor, die an den Absender geschickt werden, wenn die Zustellung an das Zielsystem nicht erfolgen konnte (z.B. Zielsystem nicht erreichbar, Postfach des Empfängers voll). Proprietäre E-Mail-Systeme (z.B. Lotus Notes, Microsoft Exchange) beinhalten weitergehende Funktionen, die den Absender über das Eintreten von Ereignissen (z.B. Empfänger hat E-Mail geöffnet, gelöscht) informieren können.

Gerade in puncto Nachweisbarkeit sind aus der Sicht des IBPP sowohl technische als auch rechtliche Verbesserungen notwendig. Mit den Digitalen Signaturen liegt bereits ein geeignetes Verfahren vor, die Nachweisbarkeit im Internet kostengünstiger zu realisieren als durch die Verwendung von Briefzusatzleistungen.

5) DATENSCHUTZ

In Hinblick auf die Einhaltung des Datenschutzes birgt das IBPP neue Risiken, da die Rechnungsdaten über Wege transportiert werden, die auf relativ einfache und anonyme Weise abhörbar sind (vgl. Kapitel 9.2). Das Risiko kann durch den Einsatz der dargestellten Sicherungsverfahren vermieden werden. Für Deutschland verbleibt jedoch das Problem der amerikanischen Exportbeschränkungen für sehr sichere Verschlüsselungsverfahren.

6) EINSATZ DER RECHNUNG ALS MARKETINGINSTRUMENT

Neben der Kostenersparnis sind die erweiterten Möglichkeiten zum Direktmarketing ein weiterer großer Vorteil des IBPP. Bei Papier-Rechnungen bedeutet die Beilage zusätzlicher Werbung einen erheblichen Kostenzuwachs; bei der Darstellung im Internet sind die zusätzlichen Kosten gering. Informationen können miteinander verknüpft und multimedial dargeboten werden. So können dem Kunden umfangreiche Produkt- und Gebrauchsinformationen zur Verfügung gestellt werden (z.B. Datenbanken, Foren, FAQs), aus denen der Kunde bei Bedarf die für ihn relevanten Informationen auswählen kann.

Durch Web-Billing zieht der Biller vermehrt Kunden auf seine WWW-Site. Die Chancen zum Cross-Selling erhöht sich. Der Biller hat auch die Möglichkeit, Werbeflächen an Dritte zu verkaufen (z.B. Banner-Werbung auf vielbesuchten Web-Billing-Sites). Zu beachten bleibt, daß sich Kunden durch übermäßige Werbung auch belästigt fühlen könnten.

Das IBPP verbessert die Rahmenbedingungen für ein One-To-One-Marketing. Beim E-Mail-Billing kann der Kunde individuell generierte Nachrichten erhalten. Beim Web-Billing ermöglicht es die notwendige Authentifizierung, den Kunden eindeutig zu identifizieren. Es ist möglich, ein Profil des Kunden zu führen, das aus seinen personenbezogenen Daten, seinen Konsumgewohnheiten und seinem Verhalten auf der WWW-Site des Billers besteht. Daraus können Rückschlüsse auf die Produkte und Dienstleistungen gezogen werden, für die der Kunde besonders empfänglich ist. Gemäß dem Teledienstedatenschutzgesetz (TDDSG) ist das Zusammenführen des Verhaltens auf der WWW-Site mit den personenbezogenen Daten jedoch in Deutschland verboten [HAD98, Seite 161].

7) MINIMIERUNG DES AUFWANDES FÜR DAS CUSTOMER CARE

Aufgrund durchgehender elektronischer Verarbeitung der Rechnung können viele Fehler direkt beim Kunden vermieden werden. So kann die Datenübernahme zwischen Rechnungsdaten und Zahlungsdaten automatisiert werden. Die verbleibenden Ausnahmesituationen, mit denen der Biller konfrontiert wird, können ganz oder halbautomatisch verarbeitet werden. So könnte das System den Kunden selbständig erinnern (z.B. durch eine E-Mail), wenn Rechnungen überfällig sind. Der Biller kann dem Kunden über ein IBPP-System auch Schnittstellen zur Verfügung stellen, mit deren Hilfe der Kunde seine Eingaben und Einwände in strukturierter Form übermitteln kann. Ein Reklamationsformular könnte verschiedene Reklamationsgründe in Form von Optionsschaltflächen anbieten. Diese strukturierte Übermittlung würde die Bearbeitung beim Biller erheblich unterstützen. Das IBPP-System könnte dem zuständigen Sachbearbeiter die Reklamation zusammen mit allen nötigen internen Daten auf dem Bildschirm darstellen.

Der Supportaufwand für die Rechnung kann durch den Einsatz von FAQs, Wissensdatenbanken und E-Mail als Kommunikationsmittel reduziert werden. Eine gleiche Sicht auf die Rechnung seitens des Kunden und des Supportcenters läßt sich im Rahmen einer Webschnittstelle einfach realisieren. Der Supportmitarbeiter kann im Rahmen eines Intranets die gleiche IBPP-Schnittstelle wie der Kunde nutzen, nur mit dem Unterschied, daß er unbeschränkten Zugriff auf alle Rechnungen aller Kunden hat. Neuer, zusätzlicher Supportaufwand entsteht für die Unterstützung der Benutzer des IBPP-Systems.

8) EINFACHE ZAHLUNGSSYSTEME

Zahlungssysteme auf Basis elektronischer Währungen sind geeignet, dem Zahlungsverkehr zu beschleunigen und kostengünstiger zu gestalten.

Jedoch sind die – in Kapitel 4.2 geschilderten – uunterschiedlichen Zahlungsgewohnheiten in verschiedenen Ländern zu berücksichtigen. Die amerikanischen Biller haben die Möglichkeit, die eingehenden Verrechnungsscheck- und Check-and-List-Zahlungen (vgl. Kapitel 5.2.5) abzulösen, während in Europa der Vorteil durch Internet Bill Payment geringer ist, da heute schon ein großer Teil der Rechnungsbeträge per Lastschrift eingezogen und über EFT-Systeme automatisiert verarbeitet wird.

Zu erwarten ist daher, daß in Europa viele IBPP-Systeme zunächst auf das Bill Presentment reduziert werden. Ein Biller, der viele Dauereinzugsermächtigungen seiner Kunden hat, wird nichts unternehmen wollen, den Kunden auf ein Verfahren zu lenken, das
eine Einzelbestätigung des Kunden für jeden Zahlungsvorgang erfordert. Der Biller
könnte lediglich bestrebt sein, den restlichen Kunden ein Zahlungssystem nahezulegen,
daß dem Biller eine ähnliche Effizienz und Konsistenz zwischen Rechnungsdaten und
Zahlungsdaten ermöglicht. Elektronische Zahlungssysteme bieten sich auch an, wenn
der Bedarf zur Zahlung kleiner Rechnungsbeträge besteht.

Wie groß die Anzahl der Zahlungssysteme ist, die sich im Internet durchsetzen werden,
ist derzeitig noch nicht voraussagbar. Allerdings ist zu vermuten, daß es zunächst mehr
alternative Zahlungssysteme geben wird als es im traditionellen Billing gab. Mehr Zahlungssysteme würden einen höheren Aufwand für beide Parteien bedeuten.

9) KONSISTENZ ZWISCHEN RECHNUNGSDATEN UND ZAHLUNGSDATEN
Die Integration des Internet Bill Payment in das Internet Bill Presentment ermöglicht
eine Automatisierung der Übernahme der Rechnungsdaten beim Kunden. Somit kann
die vom Biller gewünschte die Konsistenz zwischen Rechnungsdaten und Zahlungsdaten sichergestellt werden.

10) EFFIZIENTES BILL POSTING
Durch das Internet Bill Payment erreichen die Zahlungsdaten den Biller in digitaler
Form, so daß eine vollautomatische Übernahme in die Billing-Systeme möglich ist.

10.2 Bewertung aus der Sicht des Kunden

1) EINFACHE ZUGÄNGLICHKEIT
Die Teilnahme am IBPP verlangt technische Voraussetzungen, die weit über die Voraussetzungen zur Teilnahme am Paper-Billing[45] hinausgehen. Notwendig für den Zugang zur internetbasierten Rechnung sind:
1. Zugang zu einem PC oder einem anderen Internet-Endgerät. Hier gibt es erste Ent-

---

[45] Notwendig ist der Besitz einer Postadresse. Ein Briefkasten ist optional.

wicklungen für den Zugang zum Internet über Fernsehen und Telefon.

2. Zugang zum Internet

3. Ein entsprechender Client zum Zugriff auf das elektronische Rechnungsformat (z.B. Webbrowser, E-Mail-Client, PFM-Software, spezielle (proprietäre) Software)

4. Wissen über die Bedienung des Systems.

Im Vergleich zu EDIFACT-Anforderungen sind diese Voraussetzungen jedoch geringer. Sie stehen auch Privathaushalten zur Verfügung[46].

Die technischen Voraussetzungen bedingen eine erhöhte Schwierigkeit gegenüber der Papier-Rechnung, die Zugänglichkeit aufrechterhalten zu können. Es ist eine Vielzahl möglicher Ursachen denkbar, die verhindern können, daß der Kunde auf seine Rechnungen im Internet zugreifen kann (z.B. Hardwareprobleme, Softwareprobleme, mangelnde Verfügbarkeit der Netzverbindung). Die rechtliche Betrachtung hat gezeigt, daß es dem Kunden obliegt, seine Teilnahme an einem Kommunikationsdienst aufrecht zu erhalten (vgl. Kapitel 9.1.1).

Andererseits ist die Zugänglichkeit beim IBPP dadurch stark erhöht, daß Rechnungen unabhängig vom Aufenthaltsort betrachtet werden können. Der Abruf der Rechnungen ist von jedem Rechner mit Internetzugang jederzeit möglich (z.B. von der Arbeit, im Urlaub, im Krankenhaus). Dies ist bei EDIFACT nicht möglich und bei der Papier-Rechnung sehr aufwendig. Der gewählte Lösungsansatz des konfigurierbaren Zusammenspiels zwischen Web-Billing und E-Mail-Billing bietet dem Kunden die Möglichkeit, die Zugänglichkeit seinen Bedürfnissen anzupassen.

Hot Billing ist mit IBPP ebenso wie mit EDIFACT realisierbar.

2) VERSTÄNDLICHKEIT

Durch die Verwendung von HTML können verschiedene Bestandteile der Rechnung miteinander verknüpft werden, um die Rechnung verständlicher zu machen. Verknüpfungen sind auch mit Erläuterungen und Hilfetexten sinnvoll. Der Biller kann die Rech-

---

[46] Laut einer Statistik des New Media Report [NMR98, Seite 42] haben 5% der Deutschen Zugang zum Internet (USA: 22%). An der Spitze liegt Finnland (24%).

nungen individuell an die Bedürfnisse des Kunden anpassen. Auch hat er die Möglichkeit, dem Kunden selbst Funktionen zur Konfiguration der Darstellung an die Hand zu geben.

Beispiele für sinnvolle Darstellungsoptionen sind:
- verschiedene, wählbare Detaillierungsgrade
- verschiedene Präsentationsformen (Text, Graphik)
- verschiedene Farben und Schriftarten
- Auswahl zwischen verschiedenen Sprachen.

3) GENAUIGKEIT

Das Internet Bill Presentment hat keinen Einfluß auf die Erhebung der Leistungsdaten und Fakturierung dieser, wodurch die Wahrscheinlichkeit von Fehlern in der Rechnung nicht verändert wird. Allerdings hat der Kunde dadurch, daß er mehr Daten zur Verfügung gestellt bekommt, bessere Möglichkeiten, die Rechnung zu prüfen (z.B. umfangreiche Verbindungsdaten bei der Telekommunikationsrechnung).

4) AUSWERTBARKEIT

Durch den Wegfall des Medienbruches und durch die geringeren Transportkosten ist der Biller in der Lage, dem Kunden umfangreiche Auswertungen einfach und kostengünstig zur Verfügung zu stellen. Dies gilt sowohl für das E-Mail- als auch das Web-Billing. Das WWW bietet durch den Einsatz dynamischer Techniken auf dem Server und Client zudem den Vorteil, daß der Kunde selbst Auswertungen anstoßen und steuern kann. Der Biller stellt auf der Billing-Website lediglich einen Satz von Werkzeugen bereit, mit denen der Kunde auf die beim Biller in einer Datenbank abgelegten Rohdaten zugreifen kann. Der Kunde kann die Daten nach verschiedenen Dimensionen selektieren, sortieren und gruppieren.

Funktionen, die bereitgestellt werden können, sind beispielsweise:
- Durchschnittszahlen
- Anteile
- Summen
- Spitzenwerte

- Vergleichswerte.

Ein IBPP-System kann auch die Anforderung erfüllen, die Rechnung gemäß einer im System hinterlegten Organisationsstruktur auswerten oder aufspalten zu können. Ein Web-Billing-System ist geeignet, dem Kunden eine Schnittstelle bereitzustellen, mit der er selbst eine Organisationsstruktur einpflegen und verändern kann.

5) WEITERVERARBEITBARKEIT

Dem Kunden können sowohl Rohdaten als auch ausgewertete Daten in elektronischer Form zur Verfügung gestellt werden. Diese kann er ohne Medienbruch transferieren und in die eigenen Systeme integrieren, sofern passende Datenformate angeboten werden. Im Idealfall stellt das IBPP-System mehrere Formate (z.B. CSV, OFX, Excel) bereit.

6) ARCHIVIERBARKEIT

Durch die elektronische Übermittlung der Rechnung ist eine gute Grundlage dafür geschaffen, die Rechnungen auch elektronisch zu archivieren. E-Bills werden auf den Rechner des Kunden geladen und verbleiben dort bis zur Löschung. Das Archivsystem besteht hier aus dem E-Mail-Client und dessen Möglichkeiten, Nachrichten zu sortieren (E-Mail-Clients bieten heute meist eine Ordnerstruktur an) und zu suchen (Volltextsuche). Auch bei Webrechnungen hat der Kunde die Möglichkeit, diese lokal als HTML-File bei sich zu speichern. Das Archivsystem ist hier das Filesystem mit der Möglichkeit, HTML-Files in Unterverzeichnisse anzuordnen und eine Volltextsuche durchführen zu können.

Beide Möglichkeiten sind aber unzureichend für ein anspruchsvolles Archivsystem. Weitergehende Funktionen werden durch Dokumentenmanagementsysteme zur Verfügung gestellt. In Zukunft könnten auch PFM-Programme Archivierungsfunktionen bieten. Sofern die Rechnungen in einer strukturierten Form vorliegen (z.B. OFX), könnten diese Archive auch anspruchsvollere Suchmechanismen bieten als die Volltextsuche.

7) GUTER SUPPORT

Zusätzlich zu den konventionellen Supportwegen können durch IBPP dem Kunden im Internet übliche Supportwerkzeuge wie Frequently Asked Questions (FAQ), Wissensdatenbanken, Web-Formular-Schnittstellen und die schnelle Schriftkommunikation per E-Mail bereitgestellt werden. Es ist zu erwarten, daß der Supportbedarf des Kunden zur Rechnung durch die Verbesserungen in den Bereichen Verständlichkeit, Genauigkeit und Auswertbarkeit sinkt, es jedoch einen zusätzlichen Supportbedarf für die Nutzung des IBPP geben wird.

8) DATENSCHUTZ

Hier gilt das bereits bei den Anforderungen aus Billersicht Gesagte. Das Einverständnis des Kunden vorausgesetzt ist IBPP für viele Leistungsarten trotz der Abhörgefahr einsetzbar. Es ist jedoch damit zu rechnen, daß einige Kunden aus diesem Grunde die Nutzung von IBPP ablehnen werden. In der erwähnten HFN-Studie [DIT98] (vgl. Kapitel 6.4) äußerten 36% der Befragten, sie hielten IBPP für keine sichere Methode zur Rechnungsübermittlung.

9) STEUERRECHTLICHE ANERKENNUNG

Da der Privatkunde nicht zum Vorsteuerabzug berechtigt ist, stellt die Nichtanerkennung elektronischer Rechnungen lediglich ein Problem bei Rechnungen dar, die im Rahmen einer Einkommensteuererklärung vorgelegt werden. Dem Privatkunden wäre für diesen Fall allerdings auch mit einer zusammenfassenden schriftlichen Jahresabrechnung geholfen.

Für den Geschäftskunden mindert der Vorsteuerabzug die Umsatzsteuerlast, so daß auf die Anerkennung der Rechnung durch die Finanzämter nicht verzichtet werden kann. Außer bei kleineren Unternehmen erfolgt die Abrechnung von Umsatz- und Vorsteuer im Rahmen einer monatlichen Umsatzsteuervoranmeldung (vgl. §18 UStG). Der Geschäftskunde braucht also zeitnah eine vorsteuerabzugsfähige Rechnung, da er sonst Liquidität verliert. Daraus ergibt sich, daß er monatlich eine schriftliche Rechnung braucht. Eine Einsparung im Papierverkehr kann sich also nur in solchen Bereichen ergeben, in denen mehr als einmal pro Monat Rechnungen ausgetauscht werden, die dann im Rahmen einer Monatsendabrechnung schriftlich zusammengefaßt werden könnten.

Als Konsequenz daraus ergibt sich, daß in Deutschland nach dem heutigen Stand weder die Übertragung von Rechnungen via EDIFACT noch via IBPP die Papier-Rechnung vollständig ablösen kann.

10) NIEDRIGE KOSTEN

Die Teilnahme am IBPP verlangt den Zugang zu einem PC (oder einem anderen Endgerät) mit Internetzugang. Sind diese technischen Voraussetzungeb nicht gegeben, ist eine hohe Investition notwendig. Eine Amortisation einer PC-Anschaffung für das IBPP ist nur bei Unternehmen, nicht aber bei Privathaushalten möglich. Im qualitativen Vergleich der Transaktionskosten zwischen Paper-Billing und IBPP ergibt sich folgendes Bild:

Vorgang	Paper-Billing	IBPP
Zugang zur Rechnung	• Keine	• ggf. Hardware-Anschaffungen
		• Telefongebühren
		• Provider-Gebühren
Prüfung und Weiterverarbeitung	• hohe Prozeßkosten aufgrund von Medienbrüchen	• geringere Prozeßkosten, da keine Medienbrüche
Bezahlung	• hohe Prozeßkosten	• geringere Prozeßkosten
	• ggf. Portokosten	• keine Portokosten
	• Bankgebühren	• geringere Bankgebühren

Tabelle 5: Kosten für den Kunden beim IBPP im Vergleich zur Papierrechnung

11) KOMFORTABLE ZAHLUNGSSCHNITTSTELLE

Mit dem Internet Bill Payment steht dem Kunden eine einfache Zahlungsschnittstelle zur Verfügung, die durch die Integration mit der Rechnungsdarstellung in der Lage ist, mehr Funktionalität bereitzustellen als papierbasierte und bestehende elektronische Systeme (Übernahme der Daten, Scheduling, etc. – vgl. Kapitel 7.2).

12) ÜBERNAHME DER RECHNUNGSDATEN

Bei der in Kapitel 7.2 vorgestellten client- und serverseitigen Integration ist die Übernahme der Rechnungsdaten in den Zahlungsauftrag ohne Medienbruch möglich. Die Möglichkeit, die Angaben manuell verändern zu können, verlangt der Kunde dennoch, insbesondere zur Kürzung des Rechnungsbetrages.

13) Einfluß auf den Zeitpunkt der Zahlung

Durch die elektronische Zahlungsverarbeitung steht dem Kunden eine EDV-Unterstützung zur Verfügung, um seine Zahlungen zur Wahrung von Liquiditätsvorteilen bis zum letztmöglichen Zeitpunkt hinauszuzögern.

11 Indirektes Billing im Internet

Alle bisherigen Überlegungen gingen von einer direkten Beziehung zwischen Biller und Kunde aus - ohne Einschaltung eines Dritten (direktes Billing). Dieses Kapitel diskutiert die Einschaltung einer zusätzlichen Organisation, die entweder im Auftrag des Kunden oder des Billers tätig wird. In Abgrenzung zu dem direkten Billing (engl. Direct Bill Presentment) sprechen Craft und Johnson [CRA97] von indirektem Billing (engl. Third Party Bill Presentment).

In diesem Kapitel wird werden Formen des indirekten Billing vorgestellt, ihre Anwendung im Internet erörtern und mit dem direkten IBPP vergleichen.

11.1 Formen des indirekten Billing

Folgende zwei Varianten direkten Billing sollen betrachten werden:

- Der Biller kann einen externen Dienstleister (gemäß den Definitionen in Kapitel 2.1.2 im Rahmen dieser Diplomarbeit Bill Publisher genannt) beauftragen, die Rechnungen an den Kunden zu übermitteln. Dies soll in dieser Diplomarbeit unter den Begriff Bill Outsourcing gefaßt werden.

- Bill Consolidation ist eine neue Dienstleistung, die im Zusammenhang mit dem Internet Bill Presentment diskutiert wird. Ein Bill Consolidator (vgl. Definition in Kapitel 2.1.2) ist für den Kunden tätig, indem er die für den Kunden bestimmten Rechnungen zusammenfaßt.

Einige Quellen (z.B. [INV98a], [CRO98]) trennen nicht klar zwischen Bill Outsourcing und Bill Consolidation, sondern benutzen Bill Consolidation als Oberbegriff. Möglich ist, daß in die Rechnungskette sowohl ein Bill Publisher als auch ein Bill Consolidator eingeschaltet sind. Eine solche Konstellation wird beispielsweise von dem Bill Publisher International Billing Services (vgl. Anhang 14.3.1) unterstützt.

11.2 Bill Outsourcing

11.2.1 Grundlagen

Outsourcing des Bill Presentment und Payment bedeutet, daß es der Biller einem Bill Publisher überläßt, die Rechnungsdaten dem Kunden zu präsentieren. Zwischen Bill Publisher und Biller ergibt sich in der Regel eine 1:N-Beziehung (siehe Graphiken):

• Jeder Biller hat in der Regel genau einen Bill Publisher.

• Jeder Bill Publisher kann für mehrere Biller tätig sein.

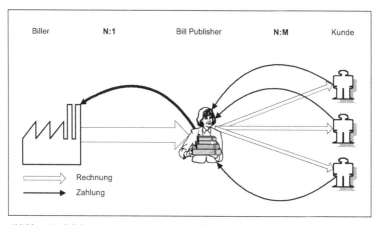

Abbildung 11: Bill Outsourcing aus der Sicht eines Billers

Zwischen Bill Publisher und Kunden ergibt sich eine N:M-Beziehung (siehe Graphiken):

• Jeder Bill Publisher stellt Rechnungen an viele Kunden.

• Jeder Kunde hat Kontakt zu mehreren Bill Publishern.

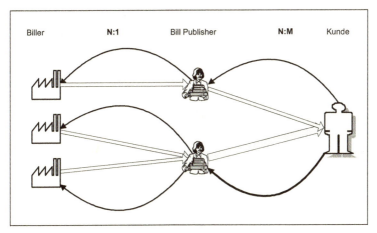

| Biller | N:1 | Bill Publisher | N:M | Kunde |

Abbildung 12: Bill Outsourcing aus der Sicht eines Kunden

Wie im unteren Teil der obigen Graphik dargestellt ist, ist es auch denkbar, daß Bill Publisher die Rechnungen verschiedener Biller für einen Kunden zusammenfassen. Voraussetzung dafür ist eine Kooperation zwischen den Billern. Dieser Ansatz ist zu unterscheiden von dem im nächsten Kapitel dargestellten Bill Consolidation im Auftrage des Kunden.

Im Auftreten gegenüber dem Kunden bestehen folgende Varianten:

	verdecktes Bill Outsourcing - Rechnungssteller ist der Biller	offenes Bill Outsourcing - Rechnungssteller ist der Bill Publisher
Zahlungsempfänger ist der Biller	Fall 1)	Fall 2)
Zahlungsempfänger ist der Bill Publisher	Fall 3)	Fall 4)

Tabelle 6: Auftreten des Bill Publishers

Im Fall 1) bleibt die Einschaltung eines Bill Publishers dem Kunden vollständig verborgen, da als Rechnungssteller und Zahlungsempfänger der Biller auftritt. Die Leistung des Bill Publishers besteht lediglich in der Bereitstellung der technischen Einrichtungen für das IBPP. Eine Konsolidierung erfolgt nicht.

Im Fall 4) ist dem Kunden gegenüber die Einschaltung eines Bill Publishers transparent; der Kunde erhält die Rechnung von dem Bill Publisher und bezahlt sie an ihn. Der Bill Publisher konsolidiert die Rechnungen und leitet die Einnahmen an den Biller weiter. Prinzipiell besteht die Möglichkeit, daß der Bill Publisher die Rechnungen verschiedener Biller, in deren Auftrag er tätig ist, zusammenfaßt. Den Kostenersparnissen stehen hier jedoch Einschränkungen bei den Marketing-Möglichkeiten gegenüber. Denkbar sind auch die Varianten 2) und 3), in denen Rechnungssteller und Rechnungsempfänger nicht die gleiche Institution sind.

11.2.2 IBPP Outsourcing

Bill Outsourcing ist im Rahmen des IBPP realisierbar. Dabei betreibt der Biller keinen eigenen IBPP-Dienst, sondern übermittelt einem Bill Publisher die Rechnungsdaten. Die IBPP-Schnittstelle für den Kunden wird durch den Bill Publisher realisiert.

11.2.3 Bewertung des IBPP Outsourcing aus der Sicht des Billers

1. NIEDRIGE KOSTEN

Für das Outsourcing des Internet Bill Presentment und Payment an einen externen Dienstleister sprechen aus der Sicht des Billers vor allem Rationalisierungs- und Kostenüberlegungen. Der einzelne Biller spart Investitionen in ein eigenes IBPP-System und elektronische Zahlungssystemtechnologien. Allerdings erwartet der Bill Publisher nunmehr ein Entgelt. Der Biller kommt zudem nicht umhin, die Datenströme zum und vom Bill Publisher in sein Billing-System zu integrieren.

2. HOHE GESCHWINDIGKEIT

Im allgemeinen sind zwar Geschwindigkeitseinbußen bei der Einschaltung einer zusätzlichen Organisation zu erwarten, diese sind bei einer elektronischen Kommunikation jedoch vernachlässigbar klein.

3. ZUVERLÄSSIGKEIT

Durch die Einschaltung eines Dritten in den Billing-Prozeß sind zwar einerseits weitere Fehlerquellen möglich, andererseits besteht auch die Chance, daß der Bill Publisher aufgrund seiner Spezialisierung den Rechnungsprozeß besser beherrscht als der Biller.

4. NACHWEISBARKEIT

Eine Veränderung gegenüber dem direkten IBPP ist nicht zu erwarten, da die technischen und rechtlichen Rahmenbedingungen gleich sind.

5. DATENSCHUTZ

Der Datenschutz verschlechtert sich insofern, als eine weitere Organisation involviert ist, die unternehmenskritische Kundendaten speichert.

6) EINSATZ DER RECHNUNG ALS MARKETINGINSTRUMENT

Es ist zu erwarten, daß Bill Publisher den Wünschen ihrer Kunden im Hinblick auf Inhalt und Gestaltung der Rechnungen voll nachkommen werden; es also für den Biller keine Einschränkungen beim Einsatz der Marketinginstrumente gibt.

7) MINIMIERUNG DES AUFWANDES FÜR DAS CUSTOMER CARE

Der Biller kann viele Aufgaben auf den Bill Publisher verlagern. Dem Kostenvorteil steht aber ein geringer Einfluß auf die Qualität des Customer Care gegenüber.

8) EINFACHE ZAHLUNGSSYSTEME

Sofern der Biller Zahlungen nicht mehr direkt von den Kunden erhält, sondern nur von seinem Bill Publisher, entfällt die Notwendigkeit, verschiedene Zahlungssysteme bereitzustellen. Es genügt ein Zahlungssystem zum Geldtransfer zwischen dem Bill Publisher und dem Biller.

9) KONSISTENZ ZWISCHEN RECHNUNGSDATEN UND ZAHLUNGSDATEN

Die Konsistenzprüfung zwischen Rechnung und Zahlung ist weitestgehend auf den Bill Publisher verlagert und entlastet den Biller. Allerdings ist der Biller von der Zuverlässigkeit des IBPP-Systems des Bill Publishers abhängig.

10) EFFIZIENTES BILL POSTING

Der Biller muß auch beim Bill Outsourcing weiterhin im Rahmen des Bill Posting die Zahlungseingänge in die internen Systeme übernehmen. Eine elektronische Kommunikation mit einem Partner (dem Bill Publisher) ist aber wesentlich einfacher zu realisieren als mit jedem einzelnen Kunden.

11.2.4 Bewertung des IBPP Outsourcing aus der Sicht des Kunden

Für den Kunden ergeben sich keine Unterschiede zwischen direktem IBPP und dem Outsourcing des IBPP.

11.3 Bill Consolidation

Beim direkten Billing erhält jeder Kunde von jedem Biller pro Abrechnungszeitraum eine eigene Rechnung. Die Rechnungen werden einzeln beglichen an den jeweiligen Rechnungssteller. Das Äquivalent dazu in den bisher beschriebenen Formen des Internet-Billing bedeutet, daß der Kunde einzelne E-Mails mit Zahlungsaufforderungen erhält bzw. die Websites seiner Biller nacheinander besucht.

Dieses Verfahren hat jedoch drei Nachteile:

1. Der Aufwand bei der getrennten Bearbeitung ist hoch.
2. Der Kunde muß mit verschiedenen heterogenen Internet-Schnittstellen arbeiten, da die IBPP-Systeme nicht bei allen Billern gleich sein werden.
3. Der Kunde wird mit verschiedenen Zahlungssystemen arbeiten müssen, je nach den Möglichkeiten, die die einzelnen Biller bieten.

Das direkte IBPP schöpft also aus Kundensicht noch nicht alle Rationalisierungspotentiale aus, die das Internet bieten könnte. Gleich dem Biller, der sich einen Bill Publisher wählt, hat der Kunde die Möglichkeit, die Entgegennahme seiner Rechnungen an einen Dienstleister auszulagern.

11.3.1 Grundlagen

Ein Consolidator im Auftrag des Kunden bündelt die für den Kunden bestimmten Rechnungen. Die einzelnen Biller senden die Rechnungen nicht mehr direkt an den Kunden, sondern an einen Consolidator, den der Kunde bestimmt hat. Nach der Wahl eines Consolidators beauftragt der Kunde dann seine Biller, die Rechnungen nur noch an den Consolidator zu senden. Dieser präsentiert also dem Kunden die Rechnungen verschiedener Biller. Der Kunde zahlt nur einen Betrag an den Consolidator, den dieser dann unter den verschiedenen Billern aufteilt. Möglich ist aber auch, daß bestimmte Zahlungssysteme (z.B. Lastschrift) weiterhin direkt zwischen Kunde und Biller abgewickelt werden, ohne Mitwirkung des Consolidators.

Im Idealfall beauftragt jeder Kunde nur einen Consolidator mit der Entgegennahme seiner Rechnungen und ist jeder der relevanten Biller bereit und technisch in der Lage, mit
diesem Consolidator zu kommunizieren.

So entsteht eine 1:N-Beziehung zwischen Kunde und Consolidator (siehe Graphik):

- Jeder Kunde hat genau einen Consolidator.
- Jeder Consolidator arbeitet im Auftrag mehrerer Kunden.

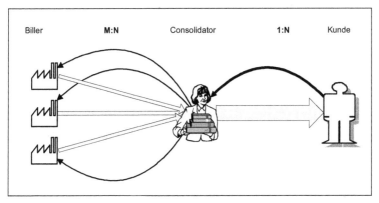

Abbildung 13: Bill Consolidation Modell aus der Sicht eines Kunden

Zwischen Biller und Consolidator entsteht eine N:M-Beziehung (siehe Graphik):

- Jeder Consolidator kommuniziert mit mehreren Billern.
- Jeder Biller kommuniziert mit mehreren Consolidatoren.

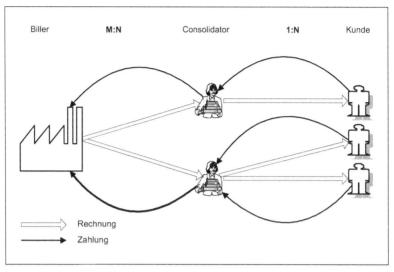

Abbildung 14: Bill Consolidation Modell aus der Sicht eines Billers

Das Modell würde sich vereinfachen, sofern es nur genau einen Consolidator geben würde, der für alle Kunden und alle Biller arbeitet. Eine derartige Monopolisierung ist jedoch nicht zu erwarten.

Die Kreditkarte stellt schon eine teilweise Implementierung von Bill Consolidation dar. Bei der Kreditkarte wird durch die monatliche Kreditkartenrechnung das Bill Payment, nicht aber das Bill Presentment konsolidiert.

Die nachfolgende Abbildung skizziert die komplexere Situation der Einschaltung eines Bill Publishers durch den Biller und der Einschaltung von Bill Consolidatoren durch einzelne Kunden.

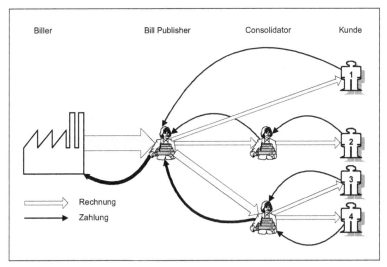

Abbildung 15: Bill Outsourcing und Bill Consolidation – kombiniertes Modell

Die Abbildung zeigt die Situation aus der Sicht eines Billers mit vier Kunden. Der Biller hat genau einen Bill Publisher. Dieser unterstützt sowohl das direkte Billing (an Kunde 1) als auch die Weitergabe der Rechnungen an Bill Consolidatoren (Kunden 2, 3 und 4), wobei die Kunden 3 und 4 zufällig den gleichen Consolidator haben.

Ein Bill Consolidator kann dem Kunden verschiedene Möglichkeiten einräumen, seine Rechnungen zu bezahlen:

- Rechnungen werden einzeln bezahlt, jeweils durch einen eigenen Vorgang. Der Kunde muß unter Umständen mehrfach Zahlungsaufträge eingeben.
- Mehrere (oder alle) offene Rechnungen können durch einen Vorgang bezahlt werden. Dem Kunden bleiben Mehrfacheingaben erspart. Sofern allerdings nur die Wahl bleibt, alle oder keine Rechnung zu bezahlen, ist dem Kunden die Möglichkeit genommen, einzelne Zahlungen aufgrund von Einwänden zu verweigern.
- Der Bill Consolidator kann dem Kunden auch einen Kredit gewähren, d.h. die Biller direkt bezahlen, dem Kunden jedoch die Bezahlung in Raten ermöglichen. Diese Funktion wird bereits durch Kreditkartenunternehmen bereitgestellt.

11.3.2 Internet Bill Consolidation

Daß Bill Consolidation-Dienste erst mit dem IBPP ins Gespräch kamen, kann mit den hohen Kosten und der mangelnden Geschwindigkeit des Paper-Billing begründet werden.

Durch die Übertragung des Bill Consolidation-Ansatzes auf das Internet erhält man folgendes Szenario: Der Biller übermittelt dem Consolidator die Rechnungsdaten über das Internet. Der Kunde besucht dann in regelmäßigen Abständen die Website des Consolidators (oder wird durch E-Mails des Consolidators auf dessen Website gerufen), wo er nach der Authentifizierung eine Übersicht der für ihn bestimmten Rechnungen erhält. Der Kunde kann die einzelnen Rechnungen betrachten und hat - wie im vorherigen Kapitel diskutiert - am besten möglichst viele Optionen, ob und wie er die Rechnungen bezahlt.

Differenzieren kann man den Umfang der Datenübermittlung zwischen Biller und Consolidator:

*   Im einen Extrem erhält der Consolidator alle relevanten Daten vom Biller und präsentiert diese dem Kunden. Das Problem ist hier, daß der Consolidator - sofern er dem Kunden die gleichen Auswertungs- und Präsentationsmöglichkeiten bieten will wie bei einem Direktbesuch auf der Biller-Site - eine Vielzahl unterschiedlicher Bill Presentment Anwendungen und Funktionen bereitstellen muß. Der Biller ist in den Möglichkeiten, die er dem Kunden bietet, durch den Consolidator beschränkt. Just In Time Solutions [JIT98a] bezeichnet dies als Thick Consolidator Model (siehe Graphik).

Thick Consolidator

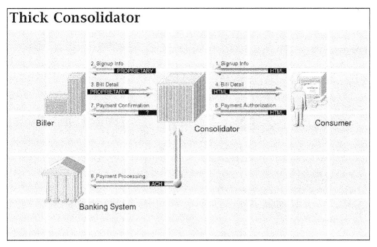

Abbildung 16: Thick Consolidation [JIT98a]

- Im anderen Extrem übersendet der Biller nur einen Link auf die Rechnung. Der Consolidator präsentiert dem Kunden also nur eine Liste der Stellen, wo für ihn Rechnungen vorliegen. Der Kunde behält den Vorteil, Biller-Sites nicht auf Verdacht besuchen zu müssen. Außerdem muß er sich nur einmal anmelden (Dies wird als Single-Logon bezeichnet, vgl. [AHU96, Seite 81f.]), sofern die Authentifizierung von der Consolidator-Site an die Biller-Site weitergereicht wird. Nachteilig ist, daß in diesem Fall die Zahlungen wieder einzeln bei den Billern erfolgen. Diese Möglichkeit wird von Just In Time Solutions nicht berücksichtigt.

- Ein Mittelweg besteht darin, daß der Consolidator vom Biller die Kerndaten der Rechnung (Billeradresse, Empfängeradresse, Grund, Betrag, Fälligkeit) erhält. Der Consolidator präsentiert dem Kunden diese Kerndaten. Der Kunde hat dann die Wahl, auf Basis der Kerndaten eine Entscheidung über die Begleichung der Rechnung zu treffen oder aber über einen Link auf die Site des jeweiligen Billers zu verzweigen, um dort die Detailinformationen (Leistungsdaten, vgl. Kapitel 2.4) zu der Rechnung zu betrachten. Die Rohdaten sowie die Logik der Auswertungen und Präsentationsformen verbleiben somit beim Biller. Just In Time Solutions [JIT98a] bezeichnet dies als Thin Consolidator Model (siehe Graphik).

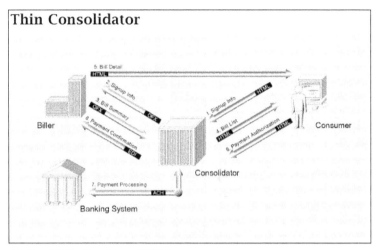

Abbildung 17: Thin Consolidation [JIT98a]

Wahrscheinlich aus Marketinggründen unterstellt JITS im Thick Consolidation Model bei den Pfeilen 2 (Signup Info) und 3 (Bill Summary) die Verwendung proprietärer Formate und im favorisierten Thin Consolidation Model die Verwendung von OFX. Hier ist anzumerken, daß das OFX-Format auch bei der Thick Consolidation zum Datenaustausch zwischen Biller und Consolidator benutzt werden kann. Ebenso kann OFX bei allen Transaktionen zwischen Bill Consolidator und Kunde zum Einsatz kommen.

Für die Finanzierung eines Consolidation-Dienstes gibt es verschiedene Möglichkeiten:

- Der Consolidator könnte vom Kunden Grundgebühren und/oder nutzungsabhängige Gebühren verlangen, da er ihm eine Dienstleistung erbringt. Nutzungsabhängige Gebühren könnten beispielsweise an Hand der Zahl der eingehenden Rechnungen, der Häufigkeit des Rechnungsabrufes, der Zahl der Zahlungsvorgänge oder der Nutzungsdauer in Zeiteinheiten tarifiert werden.

- Der Consolidator könnte ebenso den Biller belasten. Hier werden nutzungsabhängige Gebühren aufgrund der großen Unterschiede bei der zu verarbeitenden Rechnungsanzahl den Schwerpunkt bilden.

- Der Consolidator könnte sich möglicherweise auch durch die Vermarktung der Consolidator-Site finanzieren. Für ihn stellt die Schnittstelle zum Kunden ein großes Marketingpotential dar: So könnte er auf der Website Werbung anbieten, individuell abgestimmt auf den jeweiligen Kunden. Denn durch die eingehenden Rechnungen sind dem Consolidator die Konsumgewohnheiten des Kunden bekannt.

Craft und Johnson [CRA97, Seite 3] erwarten eine Mischung aus vom Kunden zu zahlenden Grundgebühren und vom Biller zu zahlenden Transaktionsgebühren. Die ersten Ansätze auf dem US-Markt stehen dem entgegen: Die Electronic Funds and Data Corporation verlangt für den Bill Consolidation-Dienst BillSite vom Biller ein Entgelt von 0,45$ pro veröffentlichter Rechnung – der Kunde kann BillSite kostenlos nutzen [GLA98]. Auch der Consolidation-Dienst MSFDC (siehe Anhang 14.3.7) will für den Kunden kostenlos sein und spricht in seinen Ankündigungen von Gebühren „in Höhe der Kosten einer Briefmarke" [MSF98].

Als Anbieter von Bill Consolidation-Diensten kommen Unternehmen unterschiedlicher Branchen in Frage:

- Dabei sind Banken ein prädestinierter Anbieter von Bill Consolidation-Diensten. Sie sind bereits als Finanzdienstleister im Auftrage von Privathaushalten und Unternehmen tätig. Bill Consolidation ist eine ideale Ergänzung zum Internet Banking. Der Kunde würde nicht nur seine Rechnungsabwicklung, sondern auch die Abwicklung seiner Bankgeschäfte aus einer Hand bekommen. Die Bank stärkt damit die Verbindung zum Kunden (vgl. [CRO98]). Banken genießen den immensen Vorteil des großen öffentlichen Vertrauens (vgl. [STO98, Seite 52]). Auch Craft und Johnson [CRA97, Seite 3] meinen, daß Banken eine starke Rolle spielen werden. Dagegen sieht Crone [CRO98] auch die mögliche Gefahr einer erheblichen Schwächung der Banken, wenn sie sich den IBPP-Markt aus der Hand nehmen ließen und in Zukunft nicht mehr am Rechnungsprozeß beteiligt sein sollten, weil Zahlungen direkt zwischen Biller, Consolidator und Kunde ausgetauscht werden.
- Auch Kreditkartenunternehmen haben gute Voraussetzungen, am Bill Consolidation Markt teilzunehmen. Durch das Kreditkartengeschäft haben sie bereits Erfahrung darin, einzelne Teilbeträge zu einer Rechnung zusammenzufassen und diese nach Bezahlung durch den Kunden an die Empfänger aufzuteilen.
- Über ähnliche Erfahrungen verfügen auch Bill Publisher.
- Telekommunikationsunternehmen dagegen sind erfahren einerseits im Umgang mit Internettechniken, andererseits mit dem Rechnungsversand in großen Stückzahlen

und großer Häufigkeit.

- Aufgrund der hohen Anforderungen an die EDV kommen <u>Softwareunternehmen</u> in Frage. Die Allianz des Softwareherstellers Microsoft mit dem Bill Publisher First Data belegt dies[47].

Laut der bereits erwähnten HFN-Studie [DIT98] wünschen sich 68% (74%)[48] der befragten US-Haushalte Banken als Bill Consolidator, gefolgt von Kreditkartenunternehmen mit 25% (32%). 33% (28%) würden dafür die Bank wechseln. Nur 15% (15%) wünschen die Zustellung von Rechnungen durch Software- oder Technologiefirmen.

Der OFX-Standard erweitert das Consolidation Model um einen sogenannten Biller Directory Server. Ein Biller Directory Server enthält Informationen über Biller und Bill Consolidator und kann von Kunden dazu genutzt werden, herauszufinden, welcher Bill Consolidator mit den für ihn relevanten Billern zusammenarbeitet [OFX98a]. Dieses Modell geht also davon aus, daß nicht jeder Consolidator mit jedem Biller zusammenarbeiten kann oder wird.

In Zukunft wird es vielleicht möglich sein, daß jeder Kunde seine Rechnungen durch PFM-Software selbst konsolidiert, die verschiedene Billing-Sites besucht und die Rechnungen einsammelt. Bill Consolidatoren würden dadurch an Bedeutung verlieren. Noch einen technologischen Schritt weiter kommen mobile Softwareagenten zum Einsatz, die neben einem Einsammeln der Rechnungen auch eine automatische Weiterverarbeitung nach Regeln erlauben (z.B. automatische Zahlung, Vorlage zur Kontrolle).

11.3.3 Bewertung des Internet Bill Consolidation aus der Sicht des Billers

Die nachfolgende Bewertung des Bill Consolidation erfolgt im Vergleich zum direkten IBPP. Zu berücksichtigen ist, daß – sofern nicht alle Kunden einen Bill Consolidator benutzen – indirektes IBPP nicht in der hier geschilderten reinen Form vorkommen wird, sondern daß eine Mischung aus direktem und indirektem IBPP existieren wird.

---

[47] siehe auch Kapitel 9.2
[48] Befragung von Februar 1998, in Klammern Befragung von Februar 1997

1) NIEDRIGE KOSTEN

Ein großer Vorteil läßt sich für den Biller nur unter der Bedingung realisieren, daß alle Kunden Bill Consolidation nutzen. Nur dann kann er die Kosten für Anschaffung und Betrieb eines kompletten IBPP-Systems einsparen. Beim Thin Consolidation reduziert sich der Aufwand für den Biller auf die Darstellung der Rechnungsdetails und die Bereitstellung dazugehöriger Auswertungsmöglichkeiten. Beim Thick Consolidation entfällt das IBPP-System auf der Billerseite ganz. Wie beim Bill Outsourcing muß jedoch in beiden Fällen eine Schnittstelle zwischen den Systemen von Biller und Bill Consolidator existieren. In den USA zeichnet sich zudem ab, daß die Biller Gebühren an die Bill Consolidatoren zahlen müssen. Mit 0.45$ bzw. dem Portopreis für einen Brief (vgl. Kapitel 11.3.2) liegen die Kosten niedriger als beim Paper-Billing (vgl. Kapitel 4.3).

Die Zahl der Consolidatoren wird erwartungsgemäß kleiner sein als die Zahl der Kunden. Dementsprechend verringert sich die Zahl der Transaktionspartner für den Biller, denn der Biller kann die Daten für mehrere Kunden an einen Consolidator übermitteln. Jedoch wird sich die Zahl der Transaktionspartner nicht soweit reduzieren, wie dies beim Bill Outsourcing möglich ist. Solange kein einheitlicher Standard für den IBPP-Datenaustausch existiert, muß der Biller in verschiedene Schnittstellen zu verschiedenen Consolidatoren investieren. Dies kann er jedoch umgehen, indem er seinerseits wieder die Kommunikation mit Consolidatoren auf einen Bill Publisher verlagert (Kombination von Bill Consolidation und Bill Outsourcing).

Ist der Biller jedoch gezwungen, sowohl Kunden mit Consolidator als auch Kunden ohne Consolidator mit elektronischen Rechnungen zu beliefern, dann muß er eine kostenaufwendige Doppelstrategie fahren (eigener IBPP-Server + Belieferung von Consolidatoren). Es ist fraglich, ob es dem Biller gelingen wird, alle am IBPP interessierten Kunden auf einen Consolidator zu verweisen. Eine Lösung könnte auch hier ein Bill Publisher sein, der sowohl direktes IBPP als auch Internet Bill Consolidation unterstützt. Als solcher Anbieter formiert sich International Billing Services auf dem US-Markt (vgl. Kapitel 12.3.1).

2) HOHE GESCHWINDIGKEIT

Hier muß unterschieden werden, ob die Zahlung vom Kunden direkt an den Biller weitergeleitet wird oder zunächst vom Consolidator vereinnahmt und dann weitergeleitet wird. Im ersten Fall sind aufgrund der elektronischen Kommunikation keine Geschwindigkeitseinbußen gegenüber dem direkten IBPP zu erwarten. Im zweiten Fall jedoch kann der Consolidator Zinsvorteile daraus ziehen, die Zahlung des Kunden nicht umgehend weiterzuleiten, sondern bis zum letztmöglichen Termin im Rahmen der Rechnungsfälligkeit zurückzuhalten.

3) ZUVERLÄSSIGKEIT

Ein Nachteil aus der Sicht des Billers ist die Tatsache, daß durch die Einschaltung eines Dritten in den Billing-Prozeß weitere Fehlerquellen möglich sind. Wie auch beim Bill Outsourcing besteht jedoch die Chance, daß die Prozeßbeherrschung beim Consolidator größer ist als beim Biller. Dies gilt insbesondere für kleinere Biller.

4) NACHWEISBARKEIT

Analog zur Rechtsprechung über den Zugang von E-Mails ist der Machtbereich beim Bill Consolidation-Dienst das IBPP-System des Consolidators, wenn der Kunde diesen gegenüber dem Biller als gewünschten Zustellungsort der Rechnungen genannt hat. Es reicht dem Biller also, den Beweis der Übermittlung an den Consolidator zu führen. Es kann erwartet werden, daß es aus der Sicht des Billers einfacher sein wird, sich mit einigen Consolidatoren über den Einsatz geeigneter Sicherungsverfahren zu verständigen als mit seinen zahlreichen Kunden. Somit würde sich die Nachweisbarkeit des Rechnungszugangs für den Biller verbessern.

5) DATENSCHUTZ

Für den Biller ist die Einschaltung eines Bill Consolidators aus Sicht des Datenschutzes ein Risikofaktor, da er Kundendaten an ein anderes Unternehmen, mit dem kein Vertragsverhältnis besteht, weitergeben muß. Zu erwarten ist daher, daß es datenschutzrechtliche Vereinbarungen zwischen Billern und Consolidatoren geben wird.

6) EINSATZ DER RECHNUNG ALS MARKETINGINSTRUMENT

Hier liegt der Hauptnachteil für den Biller im Bill Consolidation Modell: Der Biller verliert seinen direkten Kanal zum Kunden. Es ist zu erwarten, daß der Biller bezüglich Umfang und Darstellung der Rechnung Restriktionen unterliegt, die es beim direkten

IBPP nicht gibt. Vorstellbar ist auch, daß der Consolidator Gebühren nach Umfang der Rechnung erhebt. Dies würde dazu führen, daß der Biller für die Werbefläche auf seiner eigenen Rechnung zahlen muß.

Durch den Consolidation-Dienst entfällt für den Kunden die zwingende Notwendigkeit, die Site des Billers zu besuchen. Aus der Sicht des Billers besucht der Kunde statt dessen eine Site, auf der der Biller nur einer unter vielen ist. Lediglich beim Thin Consolidation – wenn der Kunde die Details seiner Rechnung betrachtet – können alle Marketingmöglichkeiten eingesetzt werden.

Aus der Sicht des Billers ist es sehr bedenklich, wenn der Consolidator seine Site selbst vermarktet. Möglich ist dann nämlich, daß die Konkurrenten des Billers in Zukunft quasi auf seiner Rechnung werben. Dieses Argument wird in [INV98b] unterstützt.

7) MINIMIERUNG DES AUFWANDES FÜR DAS CUSTOMER CARE

Hier kann der Biller etwas Entlastung erwarten: Viele Eingaben des Kunden zur Rechnung, insbesondere zur Bezahlung der Rechnung, werden nicht mehr an den Biller, sondern an den Bill Consolidator gehen. Fragen, die sich auf die erbrachten Leistungen beziehen, werden jedoch weiterhin durch den Biller bedient werden müssen.

Die Aufwandsveränderung ist auch abhängig davon, wie gut das IBPP-System des Consolidators ist. Viele Kunden werden nicht differenzieren können, welcher Teil der Leistung durch den Consolidator und welcher durch den Biller erbracht wird. Eine Kooperation der Kundenbetreuung beider Organisationen wird zwingend sein.

8) EINFACHE ZAHLUNGSSYSTEME

Sofern der Biller nur noch von wenigen Bill Consolidatoren statt von vielen Kunden Zahlungen entgegennimmt, reduziert sich die Zahl der benötigten Zahlungssysteme. Da die Zahlungsaustauschpartner nur Unternehmen sind, können auch aufwendigere elektronische Verfahren eingesetzt werden.

9) KONSISTENZ ZWISCHEN RECHNUNGSDATEN UND ZAHLUNGSDATEN

Sofern der Consolidator die Zahlungen entgegennimmt, ist die Konsistenzprüfung zwischen Rechnung und Zahlung weitestgehend in seiner Verantwortung.. Der Biller ist jedoch abhängig von der Qualität der Daten, die ihm der Consolidator liefert (was auch zutrifft, wenn ein Biller Zahlungsdaten von seiner Bank bekommt).

10) EFFIZIENTES BILL POSTING

Sofern die Kommunikation zwischen Biller und Consolidator elektronisch erfolgt, ist eine sehr effiziente Verarbeitung der eingehenden Zahlungsdaten möglich.

11.3.4 Bewertung des Internet Bill Consolidation aus der Sicht des Kunden

Die nachfolgende Bewertung des Internet Bill Consolidation erfolgt im Vergleich zum direkten IBPP.

1) EINFACHE ZUGÄNGLICHKEIT

Der große Vorteil eines Internet Bill Consolidation für den Kunden ist die Beschränkung der Kommunikation auf einen Partner, den Consolidator, gegenüber zahlreichen Billern beim direkten IBPP. Durch einen Single-Point-Of-Entry mit einem Single-Logon werden das Betrachten der Rechnungen und das Bezahlen schneller und bequemer.

Der Consolidation-Dienst ist jedoch aus der Sicht des Kunden nur attraktiv, wenn eine ausreichende Anzahl von Billern bereit ist, ihre Rechnungsdaten an einen Dienstleister des Kunden zu übermitteln. Er wird auch dann weiterhin verschiedene Sites besuchen müssen, wenn nicht jeder Biller mit jedem Consolidator zusammenarbeitet.

2) VERSTÄNDLICHKEIT

Der Kunde trifft nicht mehr auf unterschiedliche Interfaces bei verschiedenen Billern, sondern muß nur die Schnittstelle seines Consolidators kennen.

3) GENAUIGKEIT

Im Thick Consolidation Modell ist es fraglich, ob der Consolidator die gleiche Datenbasis bereitstellen wird wie der Biller beim direkten IBPP. Für das Thin Consolidation Modell ergibt sich keine Veränderung, weil die Rechnungsdetails weiterhin vom IBPP-System des Billers abgerufen werden.

4) AUSWERTBARKEIT

Auch hier ist zwischen Thin und Thick Consolidation zu differenzieren.

Beim Thick Consolidation ist der Kunde darauf angewiesen, daß sein Consolidator Auswertungsmöglichkeiten für unterschiedlichste Datenbestände bereithält. Wie bereits diskutiert wurde, ist nicht zu erwarten, daß die Möglichkeiten für den Kunden so groß sein werden wie beim direkten IBPP. Als neue Alternative ergäben sich für den Kunden aber Auswertungen über mehrere Rechnungen hinweg (z.B. „Wie hoch war der Anteil meiner Ausgaben für Ferngespräche an meinen Gesamthaushaltskosten in diesem Jahr?").

Beim Thin Consolidation würde der Consolidator Auswertungen über die Rechnungsdaten anbieten, der Biller über die Leistungsdaten. Auswertungen über Rechnungs- und Leistungsdaten (z.B. „Wieviele Auslandsgespräche habe ich in den Monaten geführt, in denen meine Telefonrechnung 500 DM überstieg?") würden verlangen, daß der Biller auch Auswertungen über die Rechnungsdaten anbietet, also eine Redundanz zum Consolidator besteht.

Die Firma Just In Time Solutions stellt im Internet [JIT98c] unterschiedliche Präferenzen in verschiedenen Kundensegmenten dar: Der Endverbraucher präferiert die Zusammenfassung mehrerer Rechnungen aus Gründen der einfacheren Handhabung; die Auswertung seiner Rechnungsdaten ist weniger wichtig. Mit zunehmender Professionalisierung wird die Analyse wichtiger und die Konsolidierung unwichtiger (siehe Graphik). Auch CyberCash-Manager Crone [CRO98] vertritt die Meinung, daß die Bequemlichkeit den Verbrauchern weniger wichtig sein wird als die verbesserten Auswertungsmöglichkeiten, die ein direktes IBPP bietet.

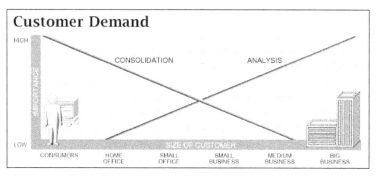

Abbildung 18: Billing-Bedürfnisse in unterschiedlichen Kundensegmenten [JIT98c]

5) WEITERVERARBEITBARKEIT

Eine Veränderung gegenüber dem direkten IBPP ist nicht zu erwarten.

6) ARCHIVIERBARKEIT

Der Consolidator kann das elektronische Archiv des Kunden bilden, ohne daß der Kunde dafür eigene Technik bereithalten muß. Dies ist für Kunden eine interessante Alternative zur eigenen Archivierung.

7) GUTER SUPPORT

Es stellt sich die Frage, bis zu welchem Ausmaß der Consolidator den Support für Rechnungen übernimmt. Wahrscheinlich wird der Kunde nunmehr mit zwei verschiedenen Stellen kommunizieren müssen, was es für den Kunden nicht einfacher macht, zumal dann, wenn die beiden Stellen versuchen sollten, sich gegenseitig die Schuld bei Störungen zuzuschreiben. Denkbar ist jedoch, daß ein Consolidator sich ganz auf die Seite des Kunden stellt und bei Einwänden diese gegenüber dem Biller im Namen des Kunden vertritt.

8) DATENSCHUTZ

Aus der Sicht des Kunden stellt der Consolidator eine Stelle dar, die einen erheblichen Einblick in personenbezogene Daten hat und durch Auswertung unterschiedlicher eingehender Rechnungen in der Lage wäre, ein dezidiertes Verhaltensprofil des Kunden zu entwickeln. Hier bedarf es einer besonderen Datenschutzzusicherung des Consolidators um das Vertrauen vieler Kunden gewinnen zu können.

Die Sicherungsmöglichkeiten der Übertragung ändern sich gegenüber dem direkten IBPP nicht.

9) STEUERRECHTLICHE ANERKENNUNG

Der Status der mangelnden steuerrechtlichen Anerkennung verändert sich beim Internet Bill Consolidation gegenüber dem direkten IBPP nicht.

10) NIEDRIGE KOSTEN

Durch die Beschleunigung des Vorgangs verringern sich die Kosten des Kunden (z.B. Telekommunikations-, Internet-Provider-Kosten). Die Transaktionskosten für die Zahlungen (Buchungskosten) verringern sich, weil mehrere Rechnungen in einer Transaktion bezahlt werden können. Die Attraktivität eines Bill Consolidation-Dienstes im Internet wird ganz entscheidend davon abhängen, ob und wieviele Gebühren der Kunde für die Nutzung eines solchen Dienstes zahlen muß. Erste Anbieter (vgl. Anhang 14.3) zeigen, daß es offensichtlich möglich ist, den Dienst aus Entgelten der Biller zu finanzieren.

11) KOMFORTABLE ZAHLUNGSSCHNITTSTELLE

Durch die Möglichkeit nicht nur eine, sondern mehrere Rechnungen durch eine Transaktion zu bezahlen, ist die Zahlungsschnittstelle eines Bill Consolidation-Dienstes für den Kunden im Vergleich zum direkten IBPP noch komfortabler.

Beim direkten IBPP ist nicht zu erwarten, daß alle Biller die gleichen Zahlungssysteme anbieten. Der Kunde muß also unter Umständen an mehreren unterschiedlichen (elektronischen) Zahlungssystemen teilnehmen. Dies entfällt beim Consolidation-Dienst, weil für den Kunden nur die von seinem Consolidator akzeptierten Zahlungssysteme relevant sind.

12) ÜBERNAHME DER RECHNUNGSDATEN

Die Möglichkeiten, die Zahlungsdaten aus der Rechnung zu übernehmen, ändern sich nicht gegenüber dem direkten IBPP.

13) EINFLUß AUF DEN ZEITPUNKT DER ZAHLUNG

Auch hier kann noch eine Verbesserung gegenüber dem direkten IBPP erwartet werden: Der Biller wird aufgrund seiner Liquditätsziele wenig geneigt sein, dem Kunden beim direkten IBPP eine Funktion zu bieten, die die Rechnung automatisch erst am letzten Fälligkeitstag bezahlt. Der Consolidator könnte jedoch eine solche Funktion anbieten, außer, wenn es sein Ziel ist, aus der Zeitraum zwischen Zahlungsdaten und Fälligkeitstag selbst finanzielle Vorteile zu ziehen.

11.4 Zusammenfassung

Bill Outsourcing ist eine bereits seit langem existierende Vorgehensweise, die der Biller zu seiner Entlastung nutzen kann. Im Zuge der Einführung von IBPP werden viele Biller diesen Weg wählen, um nicht in eigene IBPP-Systeme investieren zu müssen. Aus der Sicht des Kunden ist dagegen nichts einzuwenden.

Neu hingegen ist Bill Consolidation als eine bequeme Dienstleistung für den Kunden. Fraglich ist aber, ob die Biller überhaupt freiwillig bereit sind, einen inhaltlichen Teil der Rechnung aus der Hand zu geben, zumal ihnen Bill Consolidation keine nachhaltigen Vorteile bringt. Dies ist von der Marktmacht der Kunden abhängig. Wenn Kunden einen Consolidation-Dienst als Differenzierungsmerkmal bewerten, werden sie zu Billern tendieren, die Consolidation-Dienste unterstützen. Die Biller könnten dann diese Konsumentenpräferenzen als Wettbewerbsfaktor nutzen.

Aber auch unter den Kunden gibt es Gruppen mit hohen Ansprüchen an die Auswertbarkeit der Rechnung, die einen direkten Kontakt zum Biller befürworten werden.

12 Resümee und Ausblick

Die vorliegende Diplomarbeit liefert eine systematische Darstellung, Analyse und Bewertung verschiedener elektronischer und nicht-elektronischer Billing-Verfahren.

Zunächst wurden die Unzulänglichkeiten des Austausches von Rechnungs- und Zahlungsdaten über das Medium Papier deutlich aufgezeigt. Für den Biller ist die Erstellung aufwendig, der Versand teuer und langsam; die Zahlung kann nicht immer maschinell der Rechnung zugeordnet werden. Für den Kunden – insbesondere im Geschäftskundenbereich – sind die in der Rechnung enthaltenen Informationen häufig nicht ausreichend, die Darstellung nicht adäquat, eine direkte maschinelle Weiterverarbeitung nicht möglich und der Rechnungsprozeß mit Medienbrüchen versehen.

Homebanking, Datenträgeraustausch und Personal Finance Management Software sowie die Dienste von Check Service Providern sind lediglich Lösungen für die elektronische Bezahlung von Rechnungen, nicht jedoch für den Versand der Rechnungen.

Electronic Bill Presentment ist spezifiziert im Rahmen von EDIFACT. Der EDIFACT-Ansatz ist jedoch für den Business-To-Consumer-Bereich nicht geeignet. Auch im Business-To-Business-Bereich konnte EDIFACT sich aufgrund seiner Komplexität und der Benutzung teurer Netze nicht durchsetzen.

Daraus ergibt sich der Bedarf nach einem einfachen, schnellen und kostengünstigen elektronischen Billing-Verfahren. Erarbeitet und diskutiert wurde Internet Bill Presentment and Payment als Ansatz, das Internet als Transportmedium zu nutzen. Als geeignetes Lösungskonzept erwies sich das Zusammenspiel des World Wide Web und des E-Mail-Dienstes. Beide Dienste ermöglichen Rechnungen mit einem erheblich höheren Informationswert für den Kunden. HTML ist zur Rechnungsdarstellung geeignet, bietet jedoch keine ausreichende Strukturierung für die Weiterverarbeitbarkeit der Rechnung. Open Financial Exchange ist derzeit der vielversprechendste Ansatz zum Transport strukturierter Rechnungsdaten über das Internet.

Im Bereich indirekter Billing-Verfahren wurde mit Internet Bill Consolidation eine neue Finanzdienstleistung vorgestellt, die die Bedürfnisse der Privatkunden erfüllt, Rechnungen schnell und einfach bezahlen zu können. Ähnlich wie Unternehmen den Rechnungsdruck und -versand an externe Dienstleister auslagern können, bietet Bill Consolidation Kunden die Möglichkeit, die Entgegennahme von Rechnungen zu delegieren. Eine Integration von Bill Consolidation in Internet Banking Angebote bietet sich an. Herausgearbeitet wurde ein Interessenkonflikt zwischen den Kunden und den Billern; letztere büßen durch Bill Consolidation einen Teil ihrer Marketinginstrumente ein.

Bill Consolidation wird sich primär dort durchsetzen, wo die Haushalte üblicherweise zahlreiche Rechnungen erhalten. Mit Spannung abzuwarten bleibt das Interesse an IBPP in Ländern, in denen das Lastschriftverfahren mit Rechnungsversand nur in jährlichem oder halbjährlichem Rhythmus üblich ist.

Die Vorstellung bestehender Softwarekonzepte hat gezeigt, daß einmal mehr die Anbieter aus den USA Vorreiter beim Electronic Commerce sind. Die Konzeption der Systeme befindet sich sowohl im technischen Bereich als auch auf der Anwendungsebene jedoch noch in einer fließenden Entwicklung.

Probleme für die Umsetzung in Deutschland ergeben sich vor allem aus datenschutzrechtlicher und steuerrechtlicher Sicht. Der derzeitige Stand der deutschen Steuergesetzgebung und die mangelnde Verfügbarkeit von Webbrowsern mit ausreichenden Verschlüsselungsverfahren außerhalb der USA stellen ein Hindernis für die Akzeptanz von IBPP sowohl beim Biller als auch beim Kunden dar. Internet Bill Presentment and Payment hat dennoch eine Chance, sich als Mehrwertdienst zu etablieren, der die Informationsversorgung und -verarbeitung auf Kundenseite verbessert.

Die vollständige Ablösung der Papier-Rechnung steht für Deutschland noch nicht zur Diskussion. Dafür notwendig wäre die Ausbildung einheitlicher technischer Standards sowie eine Modernisierung der Gesetze.

13 Anhang

Der folgende Anhang beschreibt bestehende oder geplante Anwendungsfälle von direktem und indirektem Internet Bill Presentment and Payment. Die genannten Systeme stellen teilweise eine Implementierung der in dieser Diplomarbeit diskutierten E-Mail-Billing- und Web-Billing-Konzepte dar. Ein dezidierter Vergleich soll nicht durchgeführt werden, da die Datenbasis aufgrund der unzureichenden Informationen der Unternehmen nicht ausreichend war.

13.1 Einsatz von IBPP bei internationalen Telekommunikationsanbietern

Dieses Kapitel schildert beispielhaft die bestehenden IBPP-Aktivitäten der amerikanischen Telefongesellschaften MCI, BellSouth und AT&T sowie der niederländischen KPN Telecom.

13.1.1 MCI

Die MCI Communications Corporation[49] bietet ihren Kunden im Rahmen ihres Online Customer Service (OLCS) eine einfache Rechnungsansicht, die ein Abbild der Papierrechnung darstellt. Alle Seiten der Papierrechnung werden dem Kunden auf einer einzigen HTML-Seite dargeboten. Die Entsprechung mit der Papier-Rechnung geht sogar soweit, daß das der Papierrechnung vorangehende Adreßblatt auf der HTML-Seite mit ausgegeben wird. Es gibt weder Navigationsmöglichkeiten innerhalb der Rechnung noch die Möglichkeit, Auswertungen zu erstellen oder Daten in einem weiterverwendbaren Format herunterzuladen. Die Rechnung ist auch optisch wenig ansprechend gestaltet und nutzt die Möglichkeiten des WWW nicht aus. Der Kunde hat in dem jetzigen OLCS lediglich ein elektronisches Archiv seiner Papierrechnungen. MCI hat in [MCI98] angekündigt, in der zweiten Jahreshälfte 1998 ein umfangreiches Internet Bill Presentment anzubieten.

---

[49] http://www.mci.com

Der Zugang zum OLCS ist kostenlos und für jeden Kunden ohne zusätzliche Beauftragung möglich. Zur Sicherung der Datenübertragung wird SSL genutzt. Eine Demoversion des MCI-OLCS ist im WWW verfügbar[50].

13.1.2 BellSouth

BellSouth bietet seit der zweiten Jahreshälfte 1997 IBPP auf der Basis eines von CheckFree erstellten Systems an. Zunächst wurde das System mit 1100 Pilotkunden getestet. Zwar hat Bell South laut einer Pressemitteilung [BEL98] am 13.4.1998 das System für alle Kunden geöffnet, ist jedoch wegen befürchteter Probleme noch nicht dazu übergegangen, das System aktiv zu vermarkten. Man ist besorgt, daß man bei einem sehr großen Interesse diese Menge von Kunden mit dem derzeitigen System nicht bewältigen kann und in ähnliche Probleme gerät wie America Online, welche massive Netz- und Kundenserviceprobleme nach der Einführung eines neuen Tarifsystems bekamen [STO98, Seite 54]. So findet sich auf der Bell South Homepage[51] auch kein Hinweis auf IBPP.

13.1.3 AT&T

AT&T bietet unter dem Namen AT&T One Rate Online spezielle Telefontarife für diejenigen Kunden an, die bereit sind, ihre Rechnung im WWW zu betrachten und eine automatische monatliche Abbuchung von der Kreditkarte zuzulassen. Es handelt sich also um ein Internet Bill Presentment ohne integrierte Zahlungsfunktion. Das System[52] enthält folgende Funktionen·

- Anzeige der aktuellen Rechnung und der letzten drei Rechnungen mit Einzelverbindungsnachweis, getrennt nach Diensten
- „Reverse Telephone Search" (Abfrage von Inhabern bestimmter Telefonnummern). Dabei sind auch Wildcards möglich (z.B.: alle Anschlußinhaber im Bundesstaat Georgia mit Telefonnummern, die auf 1234 enden).
- Die Funktion „Change Account Profile" läßt bislang nur das Ändern des Kennwortes zu.

---

[50] http://www.mci.com/aboutyou/accounts/homedemo/Main.html
[51] http://www.bellsouth.com
[52] Das System findet man unter folgender URL: https://www.e-care.att.com/cgi-bin/login.cgi

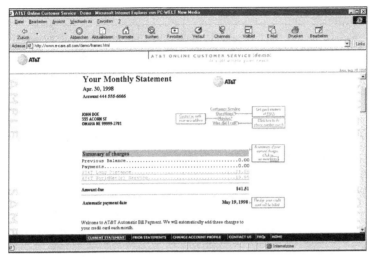

Abbildung 19: Screenshot aus der Demoversion von AT&T One Rate Online

AT&T hat angekündigt, in Zukunft auch andere Zahlungssysteme neben der Kreditkartenzahlung zuzulassen [ATT98].

13.1.4 KPN Telecom

Die niederländische Telefongesellschaft KPN Telecom bietet das umfangreichste IBPP-System der hier beschriebenen Telefongesellschaften. Das „InterFactuur"[53] genannte System unterstützt sowohl Web- als auch E-Mail-Billing. Es wurde zusammen mit der amerikanischen Consultingfirma American Management Systems (AMS)[54] entwickelt und wird seit März 1998 den Kunden kostenlos angeboten [KPN98].

Auf der SSL-gesicherten[55] InterFactuur-Site stehen folgende Funktionen zur Verfügung:

- Anzeige des Kontostandes
- Rechnungsansicht, gegliedert nach Diensten, Kostenarten (Einmalig, Periodisch, Verbindungskosten), Anschlußnummern, Tarifen

---

[53] http://www.interplaza.ptt-telecom.nl
[54] http://www.amsinc.com/Telecom/SolutionsThatWork.htm
[55] Verwendet wird eine RC4-Verschlüsselung mit 40 Bit.

- Einzelverbindungsnachweis

- Vierzehn verschiedene Auswertungen über Rechnungen und Einzelverbindungsnachweise mit Selektionsmöglichkeiten nach Produktgruppe, Zeitraumauswahl und
Rechnung. Die Daten können im Web betrachtet oder heruntergeladen werden.

- Unternehmen können verschiedene Profile für Kostenstellenstruktur in das System
einpflegen, die bei den Auswertungen berücksichtigt werden.

- Der Benutzer wird durch eine kontextbezogene Hilfe unterstützt.

- Administrationsseiten erlauben Konfigurationen für den Dienst wie den automatischen Versand von E-Mail.

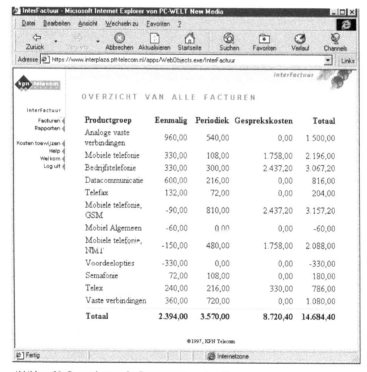

Abbildung 20: Screenshot aus der Demoversion von InterFactuur

13.2 Anbieter von IBPP-Systemen

Einige amerikanische Anbieter können bereits Produkte im Bereich der IBPP-Systeme vorweisen. Beispielhaft sollen vier interessante Anbieter mit ihren Produkten vorgestellt werden. Neben diesen treten außerdem folgende Firmen mit IBPP-Produkten auf dem US-Markt auf:

- Navazen[56]
- NCR[57]
- American Management Systems[58]
- EDS[59]
- Netdelivery[60]
- Princeton Telecom[61]

Die Diskussion des direkten versus des indirekten IBPP spaltet auch die Anbieter in zwei Lager, wobei es auch einige Anbieter gibt, die beide Lager bedienen wollen. Craft und Johnson [CRA97, Seite 3] vertreten die Meinung, daß sich auf dem Markt Anbieter durchsetzen werden, die sich für genau eine Billing-Philosophie entscheiden, nämlich entweder direktes oder indirektes IBPP zu unterstützen. Anbieter mit Doppelstrategie würden es schwerer haben, weil der Markt Spezialisten bevorzugen werde.

13.2.1 EDOCS

EDOCS[62] bietet ein IBPP-System für das Web-Billing unter dem Namen „BillDirect" an. Der „BillDirect Server" besteht aus drei Hauptkomponenten [EDO98]:

- einem Parser zum Einlesen von Ausgaben (ASCII, AFP, Postscript) bestehender Billing-Systeme
- einem Composer zum Zusammenstellen der Rechnungen
- einem Presentation Manager für die Bereitstellung der Seiten im WWW, der auch OFX unterstützt.

Gemäß der Klassifizierung in Kapitel 8.2 handelt es sich um ein IBPP-System des Inte-

---

[56] http://www.infinet-software.com
[57] http://www.ncr.com
[58] http://www.ams.com
[59] http://www.eds.com/industries/electronic_markets/offerings/ec_digital_back_office.shtml
[60] httü://www.netdelivery.com
[61] http://www.princetontele.com
[62] http://www.edocs.com

grationstyp 3, da Druckfiles eingelesen und für die Webpräsentation umgewandelt werden.

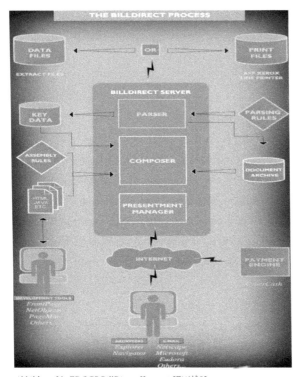

Abbildung 21: EDOCS BillDirect Konzept [EDO98]

13.2.2 InvoiceLink

Die Firma InvoiceLink[63] konzentriert sich mit ihrem gleichnamigen Produkt auf das direkte IBPP. Im Zentrum von InvoiceLink steht die Präsentation der Rechnung im WWW. Per E-Mail wird der Kunde über die Existenz einer Rechnung informiert und mit einem Link auf die entsprechende Seite geleitet. Die E-Mail kann auch individuelle Marketinginformationen enthalten.

InvoiceLink garantiert die Integration in bestehende Systeme in folgender Hinsicht:

---

[63] http://www.invoicelink.com

- Anbindung an bestehende Billing-Systeme zur Rechnungserstellung und Abwicklung des Posting von Rechnungen

- Integration in bestehende Customer Care Websites (Single-Logon, einheitliches Look&Feel)

- Integration in bestehende Intranets beim Biller für Administration von InvoiceLink und für den Zugriff durch den Kundenservice.

Zu den besonderen Eigenschaften Managementwerkzeugen für die Gestaltung des One-To-One-Marketing via WWW und E-Mail. Der Kunde hat die Möglichkeit, Bedingungen für eine automatische Zahlung zu definieren. Er erhält dennoch eine E-Mail mit der Rechnung und kann durch einen Besuch der Website die automatische Zahlung außer Kraft setzen.

13.2.3 TriSense

Das IBPP-System „PaySense" der US-Firma TriSense[64] bietet IBPP über den E-Mail-Dienst in Verbindung mit einem eigenen Client, genannt „Smart Bill Manager", an [TRI98a]. Der Smart Bill Manager wird für Empfang und Ansicht von Rechnungen sowie für die Rückübertragung von Zahlungsdaten genutzt. Auf der Billerseite sorgt der PaySense Bill Server für die Anbindung an bestehende Billing-Systeme, indem bestehende Druckfiles (z.B. AFP-Files) eingelesen werden können [TRI98b].

TriSense wirbt damit, daß das Betrachten der Rechnungen offline erfolgen kann und damit sowohl schneller als auch kostengünstiger erfolgt [ebenda]. Der Smart Bill Manager kann zur Übertragung das Internet verwenden oder sich direkt in den Bill Server einwählen. Beim Biller wirbt die Firma mit den reichhaltigen Gestaltungsfeatures der Rechnungen, die eine 1:1-Abbildbarkeit der Papierrechnungen ermöglichen sollen. Der Biller kann Marketinginformationen zusammen mit den Rechnungen übertragen und zusätzlich Links zu seiner Homepage integrieren [ebenda]. Der Kunde selbst hat aber in diesem Verfahren keinen Einfluß auf die Darstellung und kann selber keine Auswertungen erstellen oder die Rechnungsdaten weiterverwenden. Es handelt sich nur um ein elektronisches Betrachten einer für den Ausdruck gestalteten Rechnung.

---

[64] http://www.trisense.com

Das PaySense-System legt einen besonderen Fokus auf den Datenschutz. Zwei Sicherheitsmaßnahmen unterscheiden PaySense von anderen verfügbaren IBPP-Systemen [TRI98c]:

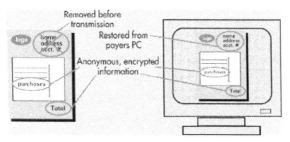

Abbildung 22: Sicherheitsvorkehrungen im Produkt PaySense [TRI98c]

1. Die Rechnungen werden in anonymisierter Form über das Internet übertragen. Alle Angaben über den Empfänger, seine Adresse und Bankverbindung werden vor dem Übertragen aus der Rechnung entfernt. Diese Angaben sind nur lokal auf dem PC des Kunden gespeichert, wodurch die Rechnungen nach Erhalt komplettiert werden können.

2. Die Rechnungen werden nicht zentral über längere Zeit gespeichert, sondern nach erfolgreicher Übertragung gelöscht.

13.2.4 Just In Time Solutions

Die in San Francisco ansässige Firma Just In Time Solutions (JITS)[65] gehört zu den bekannteren Akteuren auf dem entstehenden amerikanischen IBPP-Markt: JITS ist der Entwickler des Internet Bill Presentment-Teils von OFX und der Internet Bill Presentment und Payment Schnittstelle von Intuit Quicken [JIT98b].

Seit dem 18. Mai 1998 bietet JITS mit der BillCast-Produktfamilie eine OFX-basierte Komplettlösung sowohl für direktes als auch für indirektes IBPP an [JIZ98d]. Diesen dualen Ansatz bezeichnet JITS als „Open Internet Billing". Der Schwerpunkt liegt je-

---

[65] http://www.justintime.com

doch auf dem in Kapitel 11.3.2 dargestellten Thin Consolidation als Ausgleich zwischen den Marketinginteressen des Händlers und den Bequemlichkeitsinteressen der Konsumenten.

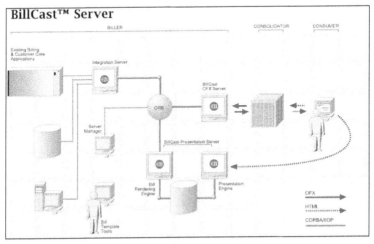

Abbildung 23: Das BillCast-Modell von Just In Time Solutions [JIT98a]

Kernstücke des oben dargestellten Konzeptes [JIT98a] sind der „BillCast OFX Server" und der „BillCast Presentation Server". Der BillCast OFX Server übermittelt Rechnungsdaten im OFX-Format an Consolidatoren und empfängt Nachrichten der Benutzer (z.b. Beitritt zum Dienst). Das Einsatzgebiet liegt beim indirekten IBPP. Der BillCast Presentation Server stellt eine unmittelbare Schnittstelle zum Kunden dar, die entweder zum direkten IBPP genutzt werden kann oder im Rahmen des Thin Consolidation die Rechnungsdetaildaten darstellt, die nicht an den Consolidator gesendet wurden. Die Verknüpfung der beiden Server untereinander und mit dem bestehenden Billing-System erfolgt über die Verteilungsplattform CORBA.

13.3 Anbieter von indirekten IBPP-Diensten

In Irland und den USA formieren sich bereits erste Anbieter von Internet Bill Outsourcing- und Internet Bill Consolidation-Diensten. Im folgenden sollen einige ausgewählte Anbieter vorgestellt werden. Dabei zeigt sich, daß einige dieser Anbieter auch im Markt für direktes IBPP aktiv sind.

13.3.1 International Billing Services

Die Firma International Billing Services (IBS) ist ein Bill Publisher (eigene Wortwahl: Statement Router [MAR98]), der laut eigenen Aussagen jeden Monat rund 70 Millionen Rechnungen versendet und damit 1,7 Prozent des First-Class-Mail-Aufkommens der USA produziert [IBS98b]. IBS hat seine Produktpalette durch eine Partnerschaft mit CyberCash um Internet Bill Outsourcing erweitert. Die IBS-Kunden sind also Biller.

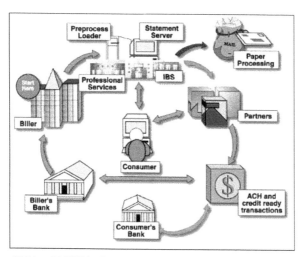

Abbildung 24: IBPP bei International Billing Systems [IBS98b]

IBS unterstützt sowohl direktes als auch indirektes Billing, je nach Wunsch des Rechnungsempfängers, so daß für den Biller keine Unterschiede im Rechnungsweg bestehen [MAR98]. Bill Consolidatoren werden im obigen Schaubild „Partners" genannt. Laut Aussage von IBS-Produktmanager Martin [MAR98] bestehen bereits Vereinbarungen mit allen wichtigen Bill Consolidation Anbietern. Die Graphik zeigt, daß IBS die Rechnung entweder direkt an einen Kunden sendet oder über einen Bill Consolidator zustellen läßt.

Seite 142

13.3.2 Union Bank of California

Die Union Bank of California[66] hat für Ende 1998 einen integrierten Service für Internet Banking und Internet Bill Consolidation angekündigt. Eine Demoversion von „Bank@Home on the Web" unter Verwendung des Internet Presentment Servers von Princeton Telecom ist im WWW verfügbar[67].

In der Hauptansicht werden Rechnungen verschiedener Biller als Thumbnails (GIF) dargestellt. Durch Anklicken gelangt der Benutzer zu einer individuell gestalteten Rechnung (HTML), die Links zu der Homepage des Billers enthält. Allerdings gibt es die Zahlungsfunktionen nur auf jeder Rechnung einzeln, also kein Bezahlen aller Rechnungen durch einen einzigen Mausklick. Der Benutzer erhält außerdem eine Liste der Biller, die an diesem Service teilnehmen, mit denen er aber noch nicht die notwendige Zusatzvereinbarung getroffen hat. Das Hinzufügen dieser Biller ist möglich, wobei dafür eine Vereinbarung ausgedruckt und per Post an den Biller gesandt werden muß als Erklärung, die Rechnungen in Zukunft auf elektronischem Wege empfangen zu wollen. Dabei kann auch die Option gewählt werden, die Rechnungen automatisch zu bezahlen, was einem Lastschriftverfahren gleichkommt. Diese „AutoPay"-Funktion kann jederzeit ein- oder abgeschaltet werden.

Kritisiert werden kann, daß bei der Registrierung der Biller das Konto anzugeben ist, von dem bezahlt werden soll. Eine Flexibilität, dies bei der Bezahlung je nach den aktuellen Kontoständen zu entscheiden, besteht also nicht.

13.3.3 TelEnergy

TelEnergy[68] ist mit einem Pilotversuch für Kunden im US-Bundesstaat Massachusetts online. Der Bill Consolidator-Dienst spezialisiert sich auf alle Kosten rund um Wohnung und Haus (Strom, Gas, Öl, Miete, Telefon, Kabelfernsehen). Der Kunde hat die Wahl zwischen der Zustellung einer zusammengefaßten Rechnung per Briefpost oder per Web-Billing [TEL98]. Im WWW ist eine Demoversion verfügbar[69].

---

[66] http://www.uboc.com
[67] http://www.princetontele.com/ptc-bin/enter.cgi

[68] http://www.telenergy.com
[69] http://www.telenergy.com/demo/default.htm

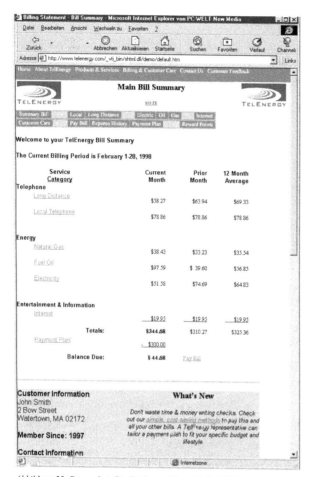

Abbildung 25: Screenshot: Die Rechnungsübersicht bei TelEnergy

Eine Übersichtsseite (siehe obige Abbildung) zeigt die eingegangenen Rechnungen in den verschiedenen Kostenkategorien. Ein Link verweist jeweils zur Detailansicht. Die Rechnungsdetails können in verschiedenen Berichten betrachtet werden. Zu allen Kostenarten steht ein Vergleich zu vorhergehenden Monaten zur Verfügung. Über einen sogenannten Payment Plan kann der Kunde eine automatische Abbuchung vordefinieren. Die Restsumme wird in einer Transaktion an TelEnergy gezahlt.

TelEnergy ist für den Kunden kostenlos [TEL98]. Der Kunde erhält zusätzlich in einem Anreizsystem für jede über TelEnergy getätigte Transaktion sogenannte Reward Points, die ihm Rabatte auf seine TelEnergy-Rechnung einbringen oder die er in Frequent Flyer Miles umwandeln kann [ebenda]. Dieses Beispiel beweist also, daß es möglich ist, einen Internet Bill Consolidation-Dienst vollständig aus Entgelten der Biller zu finanzieren.

13.3.4 Bank of Ireland

Die Bank of Ireland[70] (BOI) bietet – wie O'Sullivan [OSU98, Seite 52] berichtet – die Bezahlung von Rechnungen an ihre Geldautomaten schon seit einigen Jahren an, ohne dabei allerdings auf das Internet zurückzugreifen. Die Kunden können am Geldautomaten die Kreditkartenrechnungen der Bank sowie sechs weiterer Biller bezahlen. Für ca. 850.000 Rechnungen pro Jahr wird dieser Service von den Kunden genutzt.

Seit Anfang 1998 ist dieser Dienst unter dem Namen „Banking 365 online"[71] auch über das Internet verfügbar, integriert in den Kontenzugriff über das Internet. BOI-Kunden haben über eine WWW-Schnittstelle die Möglichkeit, Kontostände abzufragen, papierlos Rechnungen zu betrachten und Überweisungen in Auftrag zu geben. Die Biller bekommen jeden Abend die bezahlten Rechnungen auf einem speziellen Konto, das sie bei der Bank of Ireland unterhalten, gutgeschrieben und erhalten ein Datenfile mit Informationen zu den zugehörigen Rechnungen [OSU98, Seite 52].

13.3.5 CheckFree

Die 1981 gegründete Firma CheckFree verarbeitet laut eigenen Aussagen [CHE98a] pro Jahr 85 Millionen Finanztransaktionen im Wert von 15 Milliarden US-Dollar im Auftrag von 3 Millionen Unternehmen und 1,5 Millionen Privatkunden. CheckFree startete 1981 mit dem Geldeinzug für amerikanische Health Clubs. 1988 wurde das System so erweitert, daß Kunden Zahlungen an beliebige Biller per PC und Telefon leisten können [JOO98, Seite 26].

Seit Juni 1997 bietet CheckFree unter dem Sammelbegriff „E-Bill" drei verschiedene

---

[70] http://www.bankofireland.ie
[71] http://www.365online.com

Leistungen an [JOH98, Seite 59]:

- Unter dem Namen MyBills[72] wird ein eigener Bill Consolidation-Dienst betrieben.
- Der Consolidation-Dienst wird anderen Unternehmen (insbesondere Banken) zur Integration in eigene Websites angeboten[73].
- CheckFree stellt Unternehmen Server für das direkte IBPP zur Verfügung (z.B. BellSouth, vgl. Anhang 14.1.2). Der CheckFree-Server ist OFX-fähig [CHE98b].

MyBills bietet von allen hier vorzustellenden Consolidation-Diensten die meisten Funktionen. MyBills[74] wird daher im folgenden näher beschrieben.

Voraussetzung für die Teilnahme ist, daß ein Kunde sich bei seiner Bank oder direkt bei CheckFree für den MyBills-Dienst anmeldet. Mit einem entsprechenden Zugang zu der 128-Bit-SSL gesicherten Site hat der Kunde nun die Möglichkeit, die für ihn relevanten Biller aus einer Liste aller Biller, die mit CheckFree zusammenarbeiten, auszuwählen. Der Kunde kann zunächst Beispielrechnungen betrachten, um zu entscheiden, ob er mit der elektronischen Darstellung einverstanden ist. Gibt er dann seine jeweilige Kunden- nummer an, erhält fortan seine Rechnung nicht mehr per Post, sondern über MyBills. Der Kunde kann die Biller zur Übersichtlichkeit in zehn von ihm frei definierbare Kate- gorien einordnen.

MyBills sammelt Rechnungen von den konfigurierten Billern ein und stellt diese dem Verbraucher auf der Website dar. MyBills ist in der Lage, die Webrechnungen direkt aus Druckdateien zu generieren, so daß bei den Billern weder Veränderungen am Billing- System noch eine aufwendige Integration notwendig sind. Die Biller haben aber auch durch spezielle Software von CheckFree die Möglichkeit, ihre Rechnungen individuell für das Web zu gestalten mit Graphiken, Logos und Links zu den eigenen Webangebo- ten.

---

[72] https://www.mybills.com/CheckFree
[73] Talmar [TAL98, Seite 69] berichtet, daß CheckFree bereits das Integrion Financial Network und Intuit als Nutzer des Bill Consolidation-Dienstes. unter Vertrag hat.
[74] Eine Demoanwendung ist unter http://www.CheckFree.com/ebill/demo/index.html verfügbar.

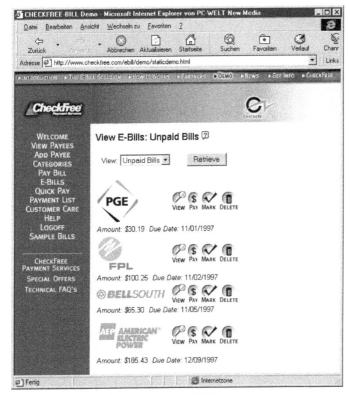

Abbildung 26: Screenshot der Demoversion von MyBills

Der Kunde hat folgende Möglichkeiten:

• Aufrufen einer Übersicht aller Rechnungen mit den wichtigsten Rechnungsdaten.

• Betrachten der individuellen Rechnung des Billers mit seinen individuellen Marketinginformationen.

• Bezahlen einer oder mehrerer Rechnungen durch mehrere wählbare Zahlungssysteme.

• Zahlungen können sofort erfolgen oder auf einen bestimmten Termin festgesetzt werden. Geplante, aber noch nicht erfolgte Zahlungen können widerrufen werden.

• Einrichten einer AutoPay-Funktion, die eingehende Rechnungen automatisch bezahlt. Dabei ist für jeden Biller ein Höchstbetrag definierbar.

• Einlesen der Daten in PFM-Software über die Formate Quicken Interchange Format, Active Statement (OFX) für MS Money.

- Die Rechnungen sind über längere Zeit über das Web abrufbar und bilden so ein Archiv.
- Der Kunde kann sein persönliches Profil ändern und auch Biller wieder löschen, um zur Papier-Rechnung zurückzukehren.

Nach erfolgtem Zahlungsauftrag übermittelt CheckFree dem Biller die Zahlung auf elektronischem Wege über ein EFT-System [CHE98b]. Wenn der empfangende Biller an keines dieser Systeme angeschlossen ist, kann weiterhin das „Check & List"- Verfahren benutzt werden (vgl. Kapitel 5.2.5). Möglich ist auch ein Abgleich des aktuellen Kontostandes des Kunden mit dem Zahlungsauftrag, um Kontoüberziehungen zu verhindern. Der Kunde erhält von CheckFree vierteljährlich einen Papierausdruck aller erfolgten Transaktionen.

MyBills ist für den Kunden kostenlos [JOO98, Seite 27]. CheckFree läßt sich seine Leistungen von den Billern und den Banken bezahlen und nutzt MyBills zudem für die Präsentation von Werbung. Der große Marktvorteil von CheckFree ist der bestehende Kundenstamm, der als Zielgruppe für elektronische Dienstleistungen sehr offen ist.

13.3.6 Microsoft und First Data (MSFDC)

MSFDC ist ein Joint Venture zwischen der Microsoft Corp. und der First Data Corp., das im Juni 1997 gegründet wurde. First Data kontrolliert rund 30% des Credit- und Debitcard Processing Marktes in den USA, der rund 870 Milliarden US-Dollar pro Jahr umfaßt [TAL98, Seite 69].

Der „Electronic Bill Presentment & Payment" (EBPP) genannte Consolidation-Dienst von MSFDC soll Ende 1998 starten [TAL98, Seite 70]. Der MSFDC-Dienst nimmt eine Sonderstellung ein, weil er nicht Endkunden angeboten wird, sondern nur Unternehmen, die einen Consolidation-Dienst anbieten wollen [ebenda]. Als solche Wiederverkäufer werden Banken fokussiert [DAL98, Seite 80]. Dabei ist der Dienst für den Consolidator, den eigentlichen MSDFC-Kunden, komplett kostenlos. Nach den Plänen von MSFDC zahlt er weder für die Integration in die eigene Website, noch für den laufenden Betrieb [MSF98][CLA98]. MSFDC will sich nur von den Billern etwa in Höhe der Portokosten bezahlen lassen, die bei der Papier-Rechnung anfallen, und verspricht ihnen, daß sie über EBPP auch One-To-One-Marketing betreiben können [ebenda].

Banken wird somit eine schneller Einstieg und einen sehr kostengünstigen Betrieb eines Consolidation-Dienst ermöglicht. Dafür gehen die Banken aber eine Abhängigkeit zu MSFDC ein. Talmar berichtet in der US-Fachzeitschrift The Banker [TAL98, Seite 170], daß Bill Gates vor der Retail Delivery Conference 1997 des US Bank Administration Institute ausdrücklich erklärt habe, daß MSFDC nicht mit seiner Marke in Erscheinung treten werde und die Kundendaten nicht für andere Zwecke genutzt werden als die Präsentation der Rechnungen für die jeweilige Bank. Jedoch räumte er auch ein, daß MSFDC eine eigene Bill Consolidation Site für Kunden plane, deren Bank nicht an MSFDC teilnehme.

Literatur- und Quellenverzeichnis

Bücher

[AHU96]   Ahuja, V.: „Network and Internet Security", Boston: AP Professional, 1996.

[GEM95]   Geml, R.; Geisbüsch, H.-G., Lauer, H.: „Das kleine Marketing-Lexikon", Düsseldorf: Verlag Wirtschaft und Finanzen, 1995.

[ILL97]   Illingworth, V. et al.: „Oxford Dictionary of Computing", Oxford: Oxford University Press , 1997.

[KAL96]   Kalakota, R.; Whinston, A. B.: „Frontiers of Electronic Commerce", New York: Addison-Wesley, 1996.

[KIL96]   Kilian, W.; Heusser, B. (Hrsg.): „Computerrechtshandbuch. Computertechnologie in der Rechts- und Wirtschaftspraxis", Baden-Baden: Verlag C. H. Beck, 1996.

[LYN97]   Lynch, D.C.; Lundquist, L.: „Zahlungsverkehr im Internet", München: Hanser-Verlag, 1997.

[MEH89]   Mehnen, H.: „Telekommunikation in Handel, Transport und Verwaltung nach internationalem Standard - ISO-Standard 9735 EDIFACT", Eschborn: Arbeitsgemeinschaft für wirtschaftliche Verwaltung, 1989.

[NUS98]   Nusser, S: „Sicherheitskonzepte im WWW", Berlin: Springer, 1998.

[PAL98]   Palandt, O.: „Bürgerliches Gesetzbuch", München: Beck, 1998.

[SCH98]   Schaffland, H.J.; Wiltfang, N.: „Bundesdatenschutzgesetz", Berlin: E.Schmidt Verlag – Loseblattausgabe, Stand Februar 1998.

[STA93]   Stahlknecht, P.: „Einführung in die Wirtschaftsinformatik", Berlin: Springer-Verlag, 1993.

[STR97]   Strömer, T.H.: „Online-Recht", Heidelberg: dpunkt-Verlag, 1997.

[WEI93]   Weis, H.C.: „Marketing", Ludwigshafen (Rhein): Kiehl, 1993.

[WER97]   Werner, A.; Stephan, R.: „Marketing-Instrument Internet", Heidelberg: dpunkt-Verlag, 1997.

Seite 150

Zeitschriftenartikel

[BMF92]   o.V.: „Anerkennung der Rechnungsstellung durch Telefax, Telex, Datenfernübertragung oder Datenträgeraustausch als Rechnung im Sinne §14 UStG", In: Bundessteuerblatt, Heft 8, Seite 376-379, 1992.

[DAL98]   Dalton, G.: „Beta Due For Online-Billing Integration Tool", In: Informationweek, Ausgabe 667, Seite 80, 2. Februar 1998.

[DRE98a] Dresen, S.; Dunne, T.: „Fürs Netz gepräft – Wie CyberCash funktioniert", In: Ix – Magazin für professionelle Informationstechnik, Heft 4, Seite 110-16, 1998.

[DRE98b] Dresen, S.: „Abgewogen - ecash, Cybercash und Millicent im Vergleich", In: Ix – Magazin für professionelle Informationstechnik, Heft 5, Seite 96-98, 1998.

[GEB89]   Gebker, J.: „EDI: Integration geht nicht von heute auf morgen", In: Computerwoche, Heft 17 vom 21.4.1989, (zitiert nach http://www.computerwoche.de/archiv/1989/17/8917c090.html)

[HAD98]   Schulzki-Haddouti, C.: „Grobschnitt – Das Online-Recht muß nachgebessert werden", In: c't - Magazin für Computertechnik, Heft 16, Seite 160-161, 1998.

[JOH97]   Johnsonn, M.A.; Bulch, H.: „Checking Online", In: IEEE Spectrum, Heft 2, Seite 58-59, 1997.

[JOO98]   Jooss, R.: „Gold Rush", In: Credit Union Management, Heft 3, Seite 26-28, 1998.

[LAN97]   Lange, B.: „Secure Electronic Transaction: Kreditkarten im Internet", In: Ix - Magazin für professionelle Informationstechnik, Heft 10, Seite 120-124, 1997.

[LAN98]   Lange, B.: „Mausklick-Preise", In: Ix - Magazin für professionelle Informationstechnik, Heft 1, Seite 119-121, 1998

[MIT97]   Mitchell, R.: „Still a dream", In: Credit Card Management, Heft 10, Seite 65-66, 1997.

[NMR98]   o.V.: „Finnland führt", In: New Media Report, Heft 5, Seite 42, 1998.

[ORR98]   Orr, B.: „Electronic bill paying shows signs of soaring", ABA Ban-
            king Journal, Heft 5, 1997 (zitiert nach
            http://www.banking.org/aba/banktech_0597.htm)

[OSU98]   O'Sullivan, O.: „The check is in the e-mail", In: ABA Banking Jour-
            nal, Heft 1, Seite 52-55, 1998.

[SCH94]   Schuppenhauer, R.: „Beleg und Urkunde – ganz ohne Papier", In:
            Der Betrieb, Heft 41, Seite 2041-2047, 1994.

[STE94]   Stoetzer, M.-W.: „Neue Telekommunikationsdienste: Stand und Per-
            spektiven in der deutschen Wirtschaft", In: Ifo-Schnelldienst, Heft 7,
            Seite 8-19, 1994.

[STO98]   Stoneman, B.: „Treading cautiously", In: Banking Strategies, Heft 2,
            Seite 50-54, 1998.

[TAL98]   Talmar, S.: „Pioneers in e-commerce", In: The Banker, Heft 1, Seite
            69-71, 1998.

[THO90]   Thomas, H.: „Bundesrepublik hat die Nase bei EDI/EDIFACT nicht
            vorn", In: Computerwoche, Heft 7 vom 16.02.1990 (zitiert nach
            http://www.computerwoche.de/archiv/1990/07/9007c114.html).

[WAS98]   Wasmeier, M.: „Web-Währungen – Online-Bezahlungsverfahren für
            Ecommerce", In: c't - Magazin für Computertechnik, Heft 11, Seite
            152-157, 1998.

BEITRÄGE AUS DEM WORLD WIDE WEB

Soweit kein Verfasser zu ermitteln war, dient der Name der Site als Referenz. Sofern ein Erscheinungsdatum nicht angegeben war, wird das Jahr 1998 angenommen. In runden Klammern angegeben ist, wann dieses Dokument in der zitierten Form im WWW gefunden werden konnte.

[ATT98]   o.V.: „AT&T Online Custimer Services Frequently Asked Questi-
            ons", AT&T, http://www.e-care.att.com/faqs/, (17.8.1998)

[BAN98]   o.V.: „Banc One Joins with MSFDC to Test Internet-based Bill
            Presentment and Payment Service", Pressemitteilung 21.1.1998,
            http://www.bankone.com/bancone/pressreleases/msfdc.shtml,
            (12.8.1998)

[BEL98]   o.V.: "BellSouth Small Business Services Offers Customers Free
           Internet Bill Payment Option", Pressemitteilung der Bell South
           Corporation vom 13.4.1998, http://www.bellsouthcorp.com/ proac-
           tive/documents/render/16162.vtml, (12.8.1998)

[CHE98a]   o.V.: „About CheckFree", Firma CheckFree,
           http://www.CheckFree.com/about/, (18.8.1998)

[CHE98b]   o.V.: „CheckFree E-Bill - Who it works", Produktinformation der
           Firma CheckFree,
           http://www.checkfree.com/ebill/howitworks/index.html,
           (18.8.1998)

[CLA97]   Clark, T; Heskett, B.: "Microsoft e-commerce threatens banks",
           CNET NEWS 26.6.1997,
           http://www.news.com/news/item/0,4,11935,00.html, (13.6.1998)

[COB98]   o.V.: „A Compendium of Electronic Commerce Terms", Firma
           COBWEB, http://www.merchantgateway.com/glossary.htm,
           (14.6.1998)

[CRA97]   Craft, G.R.; Johnson, W.: "The Emerging Electronic Bill Present-
           ment Industry - A Tale of Two Camps", White Paper der Firma
           Robertson & Stephens & Company,
           http://www.edocs.com/Reports/Craft897.pdf, (14.7.98)

[CRO98]   Crone, R.K.: "Billing without Paper. Or Billing without Bankers?",
           Firma edocs, http://www.edocs.com/ibpp.html, (14.7.98)

[CYB98a]   o.V.: "CyberCash Interactive Billing and Payment", Firma Cyber-
           Cash, http://www.cybercash.com/cybercash/billers/, (16.7.98)

[CYB98b]   o.V.: "Why CyberCash Biller Direct is the Best Solution for Elec-
           tronic Billing", Produktbeschreibung der Firma CyberCash,
           http://www.cybercash.com/cybercash/billers/how.html, (16.5.98)

[CYB98c]   o.V.: "PayNow Secure Electronic Check", Produktbeschreibung der
           Firma CyberCash, http://www.cybercash.com/ cyber-
           cash/paynow/paynowfaq.html, (16.5.98)

[DIT98]   Dittrich, T., "HFN Research – Updated Electronic Bill Presentment
           Study", Studie des Home Financial Network - Stand 24.3.1998,
           http://www.homenetwork.com/articles/res980300.html, (10.6.1998)

[DIT98]   o.V.: „Home Banking Software", Firma Home Financial Network, http://www.homenetwork.com/product/ homebanking/software.html, (10.6.1998)

[EDO98]   o.V.: „BillDirect – How it works", Produktbeschreibung der Firma edocs, http://www.edocs.com/overview.html, (18.8.1998)

[EFD98]   o.V.: „Business Overview", Firma Electronic Funds and Data Corporation, http://www.efd.com/business_overview.html, (16.8.1998)

[HOU95]   Houser, W; Griffin, J.; Hage, C.: „EDI meets the Internet", Internet Draft Stand 16.4.1995, http://www.va.gov/publ/standard/edifaq/index.htm, (18.8.1998)

[IBS98a]   o.V.: "Billing Enters the Bit Stream", White Paper der Firma International Billing Systems, http://www.billing.com/Es/white1.htm, (10.6.1998)

[IBS98b]   o.V.: „Quick Facts about IBS", Firma International Billing Systems, http://www.billing.com/about_ibs/quick_facts.html, (18.8.1998)

[IET98]   o.V.: „Electronic Data Interchange – Internet Integration", Working Group der Internet Engineering Task Force, http://www.ietf.org/html.charters/ediint-charter.html, (18.8.1998)

[INT98a]   o.V.: "The Gold Standard", Integrion Financial Network, http://www.integrion.net/gold/index.html, (13.8.1998)

[INT98b]   o.V.: "Banc One To Launch Integrated Electronic Banking, Bill Presentment and Payment Services through Integrion and Check-Free", Pressemitteilung des Integrion Financial Network, http://www.integrion.net/news/story051598.html, (8.6.1998)

[INT98c]   o.V.: "Gold Standard Message Transaction Specification Release 2.8.4, Fourth Edition (Januar 1998)", Integrion Financial Network, http://www.integrion.net/gold/CHP1TO6.pdf, (5.6.1998)

[INV98a]   o.V.: "Why are InvoiceLink's Products Different?", Produktbeschreibung der Firma InvoiceLink, http://www.invoicelink.com/info/products.htm, (12.8.1998)

[INV98b]   o.V.: "Outsource your customer relationship?", Firma InvoiceLink, http://www.invoicelink.com/info/ecc.htm, (14.5.1998)

[ITU98]   o.V. „Intuit Online Payment", Produktbeschreibung der Firma In-
             tuit, http://www.intuit.com/quicken_store/windows
             /bottom/rtwin/info/onlinepay.html (14.5.1998)

[JIT97]   o.V.: "Just In Time Solutions Joins CheckFree's E-Bill Partner Pro-
             gramm with OFX Bill Presentment Server Designed for Billers",
             Pressemitteilung der Firma Just In Time Solutionsvom 15.12.1997,
             http://www.justintime.com/aboutsus/press/dec_chfree.html,
             (13.5.1998)

[JIT98a]   o.V.: "Internet Billing Architectures", Firma Just in Time Solutions,
             http://www.justintime.com/why/intbill/architecture.html, (8.6.1998)

[JIT98b]   o.V.: "Why OFX?", Firma Just in Time Solutions,
             http://www.justintime.com/why/ofx/index.html, (8.6.1998)

[JIT98c]   o.V.: "Why Internet Billing?" , Firma Just in Time Solutions,
             http://www.justintime.com/why/index.html, (6.6.1998)

[JIT98d]   o.V.: „Reduce Cost", Firma Just in Time Solutions,
             http://www.justintime.com/ib/benefits/index.html, (6.6.98)

[KCP98]   o.V.: "How to Pay Your Electric Bill on-line", Firma Kansas City
             Power & Light Company,
             http://www.kcpl.com/AcctLink/PayInfo.htm, (16.5.1998)

[KER98]   Kerstetter, J.: "Online billing promises huge cost savings", PC
             Week Online 18.5.1998,
             http://www8.zdnet.com/pcweek/news/0518/18bill.html

[KPN98]   o.V.: „Beschrijving van Interfacturr", Firma KPN Telecom,
             http://www.interplaza.ptt-telecom.nl/interfactuur/description.html,
             (20.8.1998)

[MAC97]   Macavinta, C.: "CyberCash tests online payments", CNET NEWS
             27.1.1997, http://www.news.com/news/
             item/textonly/0,25,7347,00.html, (1.6.1998)

[MCI98]   o.V.: "MCI Advances Enterprise-wide Customer Operations to the
             Internet ", Pressemitteilung der Firma MCI vom 11.3.1998,
             http://www.mci.com/news-newsdigest/headline-889631652.shtml,
             (13.5.1998)

[MIN98]   o.V.: „ELFE Faktura", Firma Mind CTI, http://www.mind-cti.de/prod_e00.html, 18.8.1998

[MSC97]   o.V.: "Questions & Answers on Open Financial Exchange", Microsoft Financial Services Web Page, http://www.microsoft.com/finserv/ofxqa.htm, (14.5.1998)

[MSC98]   o.V.: „Money 99 Basic Features", Produktbeschreibung der Firma Microsoft, http://www.microsoft.com/products/ prodref/698_newf.htm, (17.8.1998)

[MSF98]   o.V.: "What EBPP is", Produktbeschreibung der Firma MSFDC, http://www.msfdc.com/service/default.asp, (14.5.1998)

[NET98a]   o.V.: "The Significance of Electronic Delivery & Bill Delivery and Payment Illustrations", Firma Netdelivery, http://www.netdelivery,com/html/technically.htm, (10.7.1998)

[NET98b]   o.V.: „EDM vs. EDI", Firma Netdelivery, http://www.netdelivery,com/html/edmedi.htm, (10.7.1998)

[OFX98a]   o.V.: "Bill Presentment", Open Financial Exchange Homepage, http://www.ofx.net/ofx/i_bill.asp, (14.5.1998)

[OFX98b]   o.V.: "Open Financial Exchange Specification", Open Financial Exchange Homepage, ftp://ftp.qfn.com/pub/corporate/ ofexchange/ofx15s.pdf, (12.8.1998)

[OFX98c]   o.V.: "BITS, Publishers of Open Financial Exchange and GOLD Team Announce Timetable for the Publication of Converged Specification", Pressemitteilung vom 17.4.1998, http://www.ofx.net/ofx/pressget.asp?id=17, (12.8.1998) und http://www.integrion.net/news/story040798.html, (8.6.1998)

[PAL98]   Palme, J. et al.: "MIME Encapsulation of Aggregate Documents", Internet Draft, Stand Februar 1998, http://www.ietf.org/internet-drafts/draft-ietf-mhtml-rev-06.txt, (12.8.1998)

[POS98]   o.V. „Direktmarketing", Produktbeschreibung der Deutsche Bundespost AG, http://www.postag.de/direktmarketing/ dmexe.cfm?c=produkte/infopost/index.html, (18.8.1998)

[ROB98]   Roberts, B.: "Billers Pave Way for Web Payments, But Consumers Are Leery", Internet World 01/1998, http://www.internetworld.com/print/1998/01/12/ecomm/1990112-

pave.html, (6.8.1998)

[TEL98]   o.V.: „About TelEnergy", Firma TelEnergy,
http://www.telenergy.com/about.htm, (16.8.1998)

[TKG98]   o.V.: „Glossar Telekommunikation", Interest Verlag,
http://www.interest.de/online/tkglossar/index.html, (12.8.1998)

[TRI98a]   o.V.: "TriSense Offers Bank-Controlled Elelectronic Bill Presentment Solutions", Pressemitteilung der Firma TriSense vom
25.3.1998, http://www.trisense.com/thisjustin/032598.htm,
(10.7.1998)

[TRI98b]   o.V.: "How PaySense works", Produktbeschreibung der Firma Tri-
Sense, http://www.trisense.com/paysense/howPaySense.html,
(10.7.1998)

[TRI98c]   o.V.: "Security & Privacy", Produktbeschreibung der Firma TriSense, http://www.trisense.com/paysense/security.html, (10.7.1998)

[W3C98]   o.V.: „Extensible Markup Language (XML) 1.0 - W3C Recom-
mendation 10-February-1998", The World Wide Web Consortium,
http://www.w3.org/TR/1998/REC-xml-19980210, (12.8.1998)

[WEL98]   o.V.: "Wells Fargo Unveils Plans To Pilot Electronic Bill Presentment", http://wellsfargo.com/press/press971203, (10.7.1998)

[ZWI98]   Zwischenberger, R.: "Einführung in UB/EDIFACT", Fachhoch-
schule Salzburg, http://www.tks.fh-
sgb.ac.at/~rzwischen/edifact.html, (14.7.1998)

GESPRÄCHSPARTNER

Gesprächspartner und E-Mail-Kontakte sind nur verzeichnet, soweit sie im Text zitiert werden.

[BRE98]   Martin Bremicker, Firma o.tel.o Essen, Produktmarketing CBU3

[HCS98]   Hans-Carlo Scheffer, Firma o.tel.o Essen, Produktmarketing CBU2

[HÜL98]   Henning Hülbach, Firma o.tel.o Düsseldorf, Rechtsabteilung

[MÜL98]   Mareike Müller, Firma o.tel.o Essen, Produktmarketing CBU3

[REI98]   Wolfgang Reinhardt, Firma o.tel.o Essen, Leiter Billing Design

[RON98]   Oberamtsrat Rondorf, Bundesministerium der Finanzen, Bonn

E-MAIL-KONTAKTE

[GLA98]   Gary Glanz, Firma Electronic Fund & Data Corporation, USA, GGlanz@efd.com

[MAR98]   Jorge Martin, International Billing Systems, Produktmanager Electronic Services, USA, JORGE_MARTIN@USCS.COM

Eidesstattliche Versicherung

"Ich versichere an Eides statt durch meine Unterschrift, daß ich die vorstehende Arbeit selbständig und ohne fremde Hilfe angefertigt und alle Stellen, die ich wörtlich oder annähernd wörtlich aus Veröffentlichungen entnommen habe, als solche kenntlich gemacht habe, mich auch keiner anderen als der angegebenen Literatur oder sonstiger Hilfsmittel bedient habe. Die Arbeit hat in dieser oder ähnlicher Form noch keiner anderen Prüfungsbehörde vorgelegen."

_____   _____

Ort   Datum   Unterschrift

Diplomarbeiten Agentur

Die Diplomarbeiten Agentur vermarktet seit 1996 erfolgreich Wirtschaftsstudien, Diplomarbeiten, Magisterarbeiten, Dissertationen und andere Studienabschlußarbeiten aller Fachbereiche und Hochschulen.

Seriosität, Professionalität und Exklusivität prägen unsere Leistungen:

- Kostenlose Aufnahme der Arbeiten in unser Lieferprogramm
- Faire Beteiligung an den Verkaufserlösen
- Autorinnen und Autoren können den Verkaufspreis selber festlegen
- Effizientes Marketing über viele Distributionskanäle
- Präsenz im Internet unter **http://www.diplom.de**
- Umfangreiches Angebot von mehreren tausend Arbeiten
- Großer Bekanntheitsgrad durch Fernsehen, Hörfunk und Printmedien

Setzen Sie sich mit uns in Verbindung:

Diplomarbeiten Agentur
Dipl. Kfm. Dipl. Hdl. Björn Bedey
Dipl. Wi.-Ing. Martin Haschke
und Guido Meyer GbR

Hermannstal 119 k
22119 Hamburg

Fon: 040 / 655 99 20
Fax: 040 / 655 99 222

agentur@diplom.de
www.diplom.de

Diplomarbeiten Agentur

www.diplom.de

- **Online-Katalog**
  mit mehreren tausend Studien

- **Online-Suchmaschine**
  für die individuelle Recherche

- **Online-Inhaltsangaben**
  zu jeder Studie kostenlos einsehbar

- **Online-Bestellfunktion**
  damit keine Zeit verloren geht

**Wissensquellen
gewinnbringend nutzen.**

**Wettbewerbsvorteile
kostengünstig verschaffen.**

www.ingramcontent.com/pod-product-compliance
Lightning Source LLC
LaVergne TN
LVHW092333060326

832902LV00008B/624